La Littérature française et les thèmes de l'amour

프랑스 문학과 사랑의 테마

문시연 저

신아사

목 차

I.

서론

I. 서 론

사랑은 어쩔 수 없는 것? 아니면 한 T.V. 광고에 나왔던 것처럼, 사랑은 움직이는 것? 이는 사랑이 이성으로 제어하기 어렵고, 지속적이 아니어서 항상 시험에 들 수 있어 끊임없이 노력해야 하는 것을 의미하는 현대적인 표현일 것이다.

고대 그리스인들과 로마인들은 사랑을 자연적으로 추구하게 되는 쾌락을 초월한다는 이유로 "병"이라고 여겼다. 그래서 플루타르크도 이를 가리켜 "광란"이라 하였고, 사랑에 빠진 자들은 환자와 마찬가지이기 때문에 이들을 이해하고 용서해 주어야한다고 하였다. 훗날, 칸트(Kant) 또한 사랑(열정)을 영혼의 병이라 하며, 이성과 대치되는 개념으로 보았다.

그렇지만 열정 없는 이성은 영혼의 폐허에 불과하지 않은가? 헤겔(Hegel)은 그의 <역사의 철학에 관한 고찰>(*Leçons sur la philosophie de l'histoire*)에서 "어떠한 위대한 것도 열정(사랑) 없는 세상에서는 이루어지지 않았다"고 단언하였다. 그런가하면 스탕달(Stendhal)은 이러한 광기를 가리켜 사랑-열정(amour-passion)이라고 명명하면서, 사랑을 물리-화학적인 현상, 즉 사랑하는 여인을 이상화하는 과정을 결정화(結晶化)(cristalisation), 그 이후 다시 이성, 혹은 명철함으로 돌아오는 과정을 탈(脫)

결정화(décristalisation)로 설명[1]하기도 하였다.

그 배경은 오스트리아의 짤쯔부르그(Salzbourg) 근교에 소금 광산이 있는데, 그 광산의 깊은 곳에 고여 있는 물에 잎이 다 떨어진 앙상한 나무 가지 하나를 던져 놓은 다음 2, 3개월이 지난 후에 그 나무 가지를 꺼내보면 눈이 부시게 반짝이는 수정들로 가득 덮여있는 것을 발견하게 된다는 것이다. 그리하여 애초의 나무 가지의 모습은 완전히 없어지게 되는데, 이것이 바로 결정화이다. 다시 말해서, 사랑하는 대상이 지니고 있지 않은 장점들을 생각해 내어 상상력을 동원하여 완벽하게 만드는 것이다. 한마디로, "사랑하는 대상이 어떻다"라고 생각하는 것만으로도 그 대상이 그렇게 보이는 것이다.[2] 그러다가 시간이 흘러 상대방의 본연의 모습을 발견하게 되면서 열정이 이성에게 차차 자리를 내어주게 되는 과정이 탈 결정화 현상이라는 것이다.

1 Stendhal, *De l'amour*, Paris: GF.-Flammarion, (초판 1822) 1965, pp. 334-335.

2 프로이드(Freud)는 대상을 이상화하는 것을 가리켜 환상(fantasme)이라고 불렀다.

서양의 사랑을 역사적으로 살펴보면, 크게 중세기의 기사도(courtoisie)에서 시작하여, 방종(libertinage), 낭만주의(romantisme)를 걸쳐, 오늘날에는 외설(pornographie)에 이르렀다고 볼 수 있다. 사랑의 큰 흐름 속에서, 이런 사랑들이 공존하기도 하고 또 다른 수많은 종류의 사랑이 존재했다.

그런데 사랑이라는 감정은 어떻게 생기며, 어떻게 진전이 되는가? 또 왜 그 열렬하던 감정이 식으며 혹은 왜 그 감정이 지속되는가? 이 감정은 우정에서 서서히 발전되는가 하면, 첫눈에 반해 갑자기 생기기도 한다. 이렇게 생긴 감정은 며칠 혹은 몇 달간의 일시적인 열병일수도, 다년간 아니 평생 지속되는 영속적인 사랑일 수도 있다. 또한 이러한 사랑이 이루지 못한 아쉬운 열정으로 남을 수도, 결혼 생활 속에서 꽃을 피우거나 져버릴 수도 있는 것이다. 사랑이 없어도 부부라면 당연히 백년해로해야 한다고 믿고, 개인의 행복보다는 가정 혹은 가족이 중요시되던 과거는 가고, 사랑을 전제로 하는 부부중심의 시대가 도래하였다. 사랑하지 않더라도, 결혼 생활을 보장해줄 수 있는 "보험"으로 여겼던 자식들마저도 더 이상 부부가 함께 살아야 하는 충분한 이유가 될 수 없어지고 있는 것이다. 게다가 나만 아는 이기주의와 개인주의가 팽배해지면서 굳이 둘이 함께 가정을 만들어야 하는지에 관한 근본적인 의문을 제기하기도 한다. 이러한 개인간의 사랑의 위기는 결혼 생활의 위기, 더 나아가서는 가족의 해체, 사회의 붕괴로 이어질 위험이 크다.

사랑은 우리가 삶을 살아가는데 있어서, 그 원동력 역할을 하고 있는데, 막상 사랑의 위기라는 현실로부터 위협받고 있는 우리는 정신적인 탈출구를 모색할 수밖에 없어지고, 이때 우리 마음의 양식인 책을 통해서 그 해법을 찾는다면, 무수하고 다양한 사랑을 다루는 문학작품들은 여러 방면에서 그 치유책이 될 수 있다. 문학작품들이 현실을 허구의 필터를 사용하여 반영하든, 아예 무궁무진한 상상력을 동원하여 재창조하든, 우리는 이를 통해서 이룰 수 없는 사랑을 꿈꾸거나 현실의 타부, 장애물에 대한 복수를 하면서 대리 만족을 할 수 있는 것이다. 그리하여 우리의 감정은 순화되고, 다시 현실을 살아 갈 수 있는 새로운 힘도 얻을 수 있게 된다. 그렇다면 프랑스 문학은 사랑이라는 방대한 테마를 어떠한 시각을 가지고 접근하고 묘사하고 있는지 살펴보도록 하자.

II. 사랑의 신화적 의미

Ⅱ. 사랑의 신화적 의미

1. Eros

Eros는 사랑의 신으로 최초의 달걀에서 태어났다고 하는데, 이 달걀은 밤에 의해서 수태되었고, 달걀의 내부는 대지, 껍질은 하늘을 의미한다고 한다. 그리하여 Eros는 항상 이 세상의 근본적인 힘으로 여겨지고, 인류의 영속성뿐만 아니라 우주의 내적인 결합을 보장해 준다고 알려져 있다.

또 다른 주장에 의하면, Eros는 모든 신들을 초대한 파티가 끝난 후 신들의 정원에서 Poros[3](온갖 목적을 위해 쓰는 수단)과 Pénia(부족함)이 관계를 맺어 태어나게 되었기 때문에, 그는 무엇인가 항상 부족한 것을 채우려하며, 그 수단과 방법을 가리지 않고 계략을 쓰는 관계로, 끊임없는 불

3 poros는 또한 proi(길)을 가리키기 때문에, 길과 부족함의 결합을 의미하기도 한다. 그 결과, 그 자식인 사랑(Eros)는 아무 곳으로도 나 있지 않은 길을 상징하기도 한다.

만족과 걱정스러움 속에서 사는 신이라는 것이다.

그런데 플라톤(Platon)은 그의 저서 <향연>(*Le Banquet*)에서 Poros를 Métis(교활함)의 아들 풍요함으로 설정한다. 그리하여 서로 반대되지만 서로 보충하고 나누어야 하는 성격을 가진 부모로부터 태어난 Eros는 아기도 성인도 아닌 어린아이로서 무지하지도 박식하지도 않은 중간적인 존재가 된 것이다.

또한 Eros는 가난하여 구두도, 집도 없고, 땅바닥이외에는 침대도, 이불도 없어 자연에서 잔다. 그렇지만 아버지를 닮아 아름다운 것을 항상 추구하고, 용감하고, 열정적이며, 훌륭한 사냥꾼인 동시에 언제나 새로운 계략을 짜낼 수 있는 풍부한 재능을 지니고 있다고 한다.

그런가하면, Eros가 Hermès와 Aphrodite의 아들이라는 설, Arès와 Aphrodite의 아들이라는 설, 혹은 Hermès와 Artèmis의 아들이라는 설, 등등, 많은 가설들이 있지만, 첫 번째 가설이 가장 널리 알려져 있다. 그러다가 차츰 시인들의 영향으로 Eros는 겉으로 보기에는 순진한 모습을 한 날개 달린 어린아이의 형상을 하고 있지만, 자신의 변덕에 따라 사람들의 마음속에 혼란을 가져다주는 것을 즐기고, 마음에 참혹한 상처를 줄 수 있는 힘을 지니고 있는 악동-신이 된다.

그런데 Eros가 날개 달린 어린아이로 등장할 때, 언제나 벌거벗은 모습으로 나오는 이유는 어떠한 중개자도 없는 욕망, 숨길 수 없는 욕망을 구현하기 때문이며; 사랑이 어린아이의 형태로 나옴으로써, 모든 깊은 사랑의 영원한 젊음을 상징하고, 동시에 사랑의 무책임함도 상징하는 것이다.

그러나 이러한 상징적인 요소를 떠나서, 사랑은 인간존재의 근본적인 충동(libido)으로써 모든 존재가 구체적인 사랑의 행위로 실현되게 한다. 또한, 사랑은 상대방을 소유하는 것뿐만 아니라 실제적으로 남녀의 결합이기 때문에, 인류가 진보하는데 있어서의 존재론적인 원천이기도 하지만, 분열과 죽음의 원칙이 되기도 한다. 왜냐하면, 자신들 이상의 존재, 각자 더 나은 존재가 되기 위해 각자 타고난 자질로 상대방과 자신을 상호적으로 풍요롭게 하는 대신에, 자신을 위해 이기적으로 상대방을 굴복시키며 상대방의 가치를 파괴하기도 하기 때문이다. 그래서 사람들은 흔히 Eros와 기독교적인 사랑 Agapè를 대비하곤 한다. Agapè적인 사랑은 신에 순종하고, 이웃을 사랑하며 심지어는 원수까지도 사랑하라고 하는데, 이는 이기주의, 욕망, 불안감을 떨쳐버리고, 남들로부터 격리되어 있는 자신을 버리고, 자신을 필요로 하는 자들과 평화와 신의 섭리의 충만함 속에서 사랑을 나누라는 의미이다. 그러나 Eros는 어떠한가? 기독교적인 사랑이 ≪이웃≫, 즉 가까운 사람을 사랑하라고 한다면, 사랑-열정의 Eros는 ≪머나먼≫ 나라의 공주, 혹은 왕자를 그리는 것이다. 결국 실현될 수 없는 ≪끊임없는 욕망≫이 Eros인 것이고, 설사 ≪머나먼≫ 나라의 공주나 왕자와의 사랑이 실현된다고 할지라도, 곧 지루한 ≪이웃≫이 되어버려, 또 다른 먼 대상을 갈구할 것이기 때문이다.

또한 Eros가 활과 화살을 메고 다니는 신으로 나오는 부분에 관해서는 사랑과 전쟁이라는 테마로 접근해 볼 수 있다. 오늘날 선전 ≪포고≫ 없는 전쟁이 만연하듯이, 사랑 ≪고백≫도 없이 많은 사랑들이 이루어지고 있다. 고대에서부터 시인들은 사랑을 그리는데 있어서, 성적본능에 마치 전투적인 본능이 있는 것처럼 전쟁용어로부터 오는 은유법들을 많이 사용했다. 예를 들면, 사랑의 신 Eros는 ≪치명적인 화살≫을 쏘는 ≪사수≫이며; 여자는 그녀를 ≪정복≫하는 남자에게 ≪항복≫해야 한다. 트로이의 전쟁 만해도 한 여자를 소유하는 문제로 발발했으며, 3세기의 엘리오도르(Héliodore)는 그의 소설 <떼오젠느와 샤리끌레>(*Théogène et Chariclée*)에서 이미 ≪사랑의 투쟁≫과 ≪Eros의 피할 수 없는 화살을 맞고 쓰러지는 자≫의 ≪달콤한 패배≫[4]에 대하여 언급하고 있다. 또 12, 13세기에 들어서면서 사랑에 관련된 언어들이 당시의 전투 기술이나 군사 전략에서 빌려온 듯하다. 그 예로, 사랑을 구하는 자는 사랑하는 여인을 ≪포위≫하고, 사랑의 ≪공격≫을 하는데 있어서 바짝 ≪추격≫을 하며, 경우에 따라서는 ≪전략적인 후퇴≫를 할 줄 알아야 하고, 그녀의 마지막 ≪방어≫를 이겨내며, 기습공격을 하다보면 마침내 그 여인은 무조건 ≪항복≫을 하게 된다.

그런데 재미있는 것은 승리를 거둔 자가 동시에 그 여인의 사랑의 ≪포로≫가 되어 그녀를 위해 노예처럼 그녀의 뜻대로 움직이는 모순적인 상황을 낳는다는 것이다. 이처럼 서로 상반된 것으로 보이는 사랑과 전쟁이 같은 토대에서 접근하고 있는 것을 알 수 있다. 그리고 중세기에는 사랑하는 기술과 군사기술은 기사도라는 공통적인 규칙을 가지고 있었던 것이 분명하다. 그리하여 기사도가 예의와 예절이라는 현대적인 의미를 지니게 된 것 같다.

그리고 훗날 유럽 전역의 정복을 꿈꾸었던 나폴레옹(Napoléon)도 사랑의 지혜에 대한 군사적인 의견을 밝히는데, 그에 의하면: "사랑에 있어서의 유일한 ≪승리≫는 ≪도망≫가는 일 뿐이다"[5]라고 했다. 이 말은 사랑에 있어서는 승리가 있을 수 없으니, 오히려 패배하기 전에 후퇴하는 것이 역설적인 의미에서의 승리라는 뜻일 것이다. 이와 같이 사랑의 이미지에

4 독일어로 Niederlage, 즉 패배는 글자 그대로 밑에 깔려서 바닥에 누워 신음하는 자세, 혹은 위치를 가리킨다.

5 Bonaparte Napoléon, *Maximes et Pensées.*

는 전쟁의 이미지가 드리워 있고, 사랑을 다루는 모든 문학작품들은 내적이고 외적이기도 한 우리의 사랑 모험 속에서 우리 자신과 세상과의 투쟁을 그린 것이라고 볼 수 있다.

Eros는 또한 영혼(Psyché)과의 분쟁 속에서도 설명되어져야 한다. 그러기 위해서 관련 신화의 내용을 살펴보면 다음과 같다. 프시케(Psyché)는 그 누구보다도 아름다운 여인이다. 그녀의 완벽한 아름다움이 남자들을 겁나게 하니, 아무도 약혼자로 나서지 않는 것이었다. 그러던 어느 날 그녀의 부모는 신탁을 받게 된다: Psyché를 신부로 치장하여 산꼭대기 바위 위에 데려다 두면, 괴물이 와서 그녀를 신부로 맞이할 것이라는 것이다. 신의 계시대로 하자, 가벼운 바람이 그녀를 깊은 골짜기 속에 있는 휘황찬란한 궁전으로 데려다 놓는 것이 아닌가! 저녁이 되자 그녀는 옆에 있는 누군가를 느끼지만, 누구인지 알 수 없었고, 다만 신탁이 예언한 신랑이라는 것만 알고 있었다. 그 또한 그가 누구인지를 말하지 않고, 단지 그녀가 그를 보게 되면, 영원히 그를 잃는다고 알려주었다. 이렇게 여러 날이 가고, 그녀는 행복했으나, 부모님이 그리워 며칠 허락을 받아 부모님 곁으로 돌아온다. 그러나 그녀의 행복을 질투하는 그녀의 자매들이 그녀가 함께 살고 있는 괴물의 정체에 대해서 그녀의 의심을 불러일으킨다. 의구심과 호기심에 가득 차 궁전으로 돌아온 Psyché는 램프에 불을 밝혀 그녀 곁에 잠이든 젊은 청년을 보게 된다. 그러나 Psyché의 손이 떨리고, 뜨거운 기름 한 방울이 Eros 위에 떨어지고 만다. 이렇게 ≪발견된≫ 사랑은 잠에서 깨어나 달아나 버린다. 그때부터 Psyché의 불행은 시작되고, 그녀를 괴롭히기 위하여 Eros의 어머니인 아프로디테(Aphrodite)는 점점 더 힘든 일을 시킨다. 그러나 Eros는 Psyché를 잊을 수 없고, Psyché 또한 Eros를 잊을 수 없었다. Eros는 제우스(Zeus)로부터 그녀와 혼인하라는 허락을 받아 그녀와 혼인하게 되고, Psyché는 그의 아내가 되어 아프로디테와 화해하게 된다고 한다.[6]

이 신화에서 Eros는 사랑, 특히 쾌락의 욕망을 상징하고, Psyché는 이 사랑을 알고자하는 영혼을 구현한다. 또한 부모는 자식에게 필요한 조처를 마련하는 이성을 대표하고;

궁전은 꿈의 모든 산물인 사치와 음란함의 이미지를 담고 있고;

밤은 애인을 바라보지 않겠다고 한 약속이며, 이성과 인식이 욕망과 흥분한 상상력 앞에서 사라진 것이니, 모든 이에게 눈먼 상태로 자신을 내어주는 것을 의미하고;

부모 곁으로 되돌아간 것은 이성이 다시 깨어난 것이며;

자매들의 질문은 질투에서 비롯되기는 했으나 호기심과 의심, 불확실한 것에 대한 질문으로, 훗날 바그너(Wagner)의 오페라 Lohengrin에서 Elsa가 마술사 Ortrude에게 귀를 기울인 것과 마찬가지로 호기심의 희생자가 되도록 유도한 질문이다.

6 Jean Chevalier, Alain Gheerbrant, *Dictionnaire des symboles* v.1, Seghers, 1973 pp. 55-58.

Disney's
Beauty
AND THE BEAST
Disney's
DESKTOP
STOP
Disney.com

Walt Disney's
Snow White
and the Seven Dwarfs

이에 귀가 솔깃해진 Psyché는 궁전으로 돌아와 애인이 보고 싶어져 램프를 밝히게 된다. 이때부터 Psyché는 여자로서 그녀의 아름다움을 질투하고, 어머니로서 아들이 Psyché를 사랑하는 것을 보고 질투하는 아프로디테에 쫓겨 세상을 방황하다 지옥의 고통까지 겪게 된다. 그런데 그녀는 다행히도 그곳에서 Perséphone를 만나 젊음을 되찾는 물 한 병을 받아 마시고 잠들게 되고, 그녀를 찾아 헤매던 Eros의 활을 맞고 깨어나 그의 아내가 되면서 영혼이 사랑을 얻게 되고, 사랑도 구체적인 삶 속으로 들어오게 되는 것이다. 미녀가 얼굴도 모르는 괴물과 함께 행복하게 살아 자매들의 질투를 사는 대목은 오늘날의 ≪미녀와 야수≫의 근간이며; 물을 마시고 잠이 들어 그리던 사람의 활을 맞고 깨어나는 대목은 ≪잠자는 숲 속의 공주≫, 혹은 ≪백설 공주≫의 원천인 것이다.

사랑의 장점은 삶을 살아가는데 있어서, 삶의 원동력이 되어 사람들을 활기차게 살아가게 하고, 절망을 이겨내게 하며, 세상의 흉측함으로부터 보호해주고, 헌신, 애타심, 인류애, 영웅심 같은 미덕을 키워주고, 사고의 폭을 넓혀주어 영감도 주고, 예술을 이해하게 하고, 직감, 감성, 지성들을 발전시켜준다. 그런데 서양 문학이 그려내는 사랑은 문제없는 행복한 사랑이 없다는 것이다. 그리하여 고통을 통한 사랑만이 가치가 있고, 상호적이고 나누는 사랑은 불행하게 묘사하여, 문제나 장애물이 많을수록 그 사랑을 진정하게 봄으로써 운명에 대항하여 싸우지 않는 사랑은 누구의 관심도 끌지 못하는 결과를 낳았다. 그렇기 때문에 작가들은 나눌 수 없는 사랑의 고통, 행복하지 않은 사랑의 고통을 미화한다는 문제점을 가지고 있다.

2. 나르시스(Narcisse)와 사랑

나르시스는 출중한 외모를 가진 젊은 청년인데, 그를 사모하는 모든 여인들을 외면한다는 것이다. 이에 실망한 여인들은 네메지스(Némésis)의 라농뜨(Rhamnonte)의 여신에게 나르시스 또한 그가 사랑하는 대상을 소유할 수 없도록 해달라고 요청한다. 그러던 어느 날 나르시스가 사냥하는 도중에 목이 말라 목을 축이려고 샘물에 다가가 몸을 구부렸을 때, 물에 비친 자신의 모습을 보는 순간, 그에게 벌이 내려지고 만다. 물에 반사된 환영과 같은 자신의 아름다움에 반한 나르시스는 대상 없는 사랑의 혼미함 속에 빠져들다가 그의 눈물이 샘물에 잔잔한 동요를 일으켜 자신이 사랑한 이미지가 자신의 것임을 알게 되고, 더 나아가 그 이미지가 사라질 수 있다는 것을 보게 되어 절망하다가 물에 비친 자신의 이미지 앞에서 숨을 거두게 된다.

이처럼 나르시스는 물 속에 비친 자신의 모습을 환상이 아닌 현실로 받아들임으로써 현실인 삶을 살 수 없을 뿐만 아니라 자신을 소유하여 사랑할 수 없기 때문에 불가능한 사랑을 한 것이다. 어찌 보면 자기 속에 있는 상대를 갈구하여 사랑할 대상을 외부에서 찾지 못하는 절망적인 사랑이 나르시스 적인 사랑인줄도 모른다. 더 나아가 대인 관계에 있어서도 나르시스, 즉 자기애가 사랑의 발로가 되고 토대가 되지만, 자기애의 한계를 극복하지 못하면, 다른 사람을 사랑하는데 장애가 되어버리는 이중의 칼날로 작용하고 있는 것이다. 그리하여 진정한 사랑을 하게 되면, 사랑은 나르시시즘을 후퇴하게 할 수도 있는 것이다. 결국, 사랑은 나르시스 적인 만족감과 상대방의 이상화에 그 기초를 두고 있다고 할 것이다.

한 예로, 어떤 사람의 사랑을 얻기를 원한다면, 사랑에 푹 빠진 것처럼 위장하는 것보다 더 훌륭한 전략이 없다는 것이다. 라끌로(Laclos)의 <위험한 관계>(*Les liaisons dangereuses*)에서 Madame de Merteuil도 바로 이 거울의 전략을 제시 한다: "당신도 잘 아시다시피 당신이 누군가에게 편지를 쓴다면, 그건 당신을 위해 쓰는 것이 아니라 그 누군가를 위해서 쓰는 겁니다. 그러므로 당신이 생각하는 것을 말하기보다는 그의 마음에 드는 것을 쓰도록 해야 합니다." 그렇기 때문에 유혹하는 자의 전략은 상대방을 비추어 주는 거울의 전략이외에는 아무 것도 아닌 것이다. 그가 듣고 싶어 하는 것을 이야기해주고, 그가 보고 싶어 하는 것을 보여주는 것이기 때문에 거울은 사실 아무도 속이지 않는 것이다. 그렇기 때문에 거울은 실수하지 않는 것이다. 만일 그가 상대방을 충실하게 비추어주는 대신에, 상대방과 상관없이 외부에서 만들어진 함정이나 계략들을 쓴다면, 그는 몇가지 실수를 꼭 범할 수밖에 없기 때문이다. 라 퐁뗀느(La Fontaine)가 그의 우화집에서, 아부는 아부를 받아들이는 사람에 달려있다고 한 것처럼, 거울이라는 것도 정면에 맞서서 바라보는 대상들만을 비추는 것이다. 그렇기에, 나르시스의 유혹에서 벗어나는 것은, 자신에 빠져 자신의 모습만을 비추어보거나, 자신의 모습을 자신이 바라는 대로 비추어주는 사람을 피하는 일일 것이다.

오늘날처럼 핵가족화와 저출산으로 더불어 살기보다는 개인적인 삶을 사는 것에 익숙해진 개인 각자가 자신에게 도취하다 못해, 일명 "공주병", "왕자병"을 앓는 사람들이 많은 시점에서, 사랑하는 대상도 우리의 존재를 편안하고 풍요롭게 해줄 때에 받아들이지, 만약 어떤 형태로의 희생이 요구된다면 그 사랑하는 대상 자체를 거부해 버리고 말 것이다. 그리하여 상대방이 우리의 불만족의 원인이 된다고 판단하면, 그를 미련 없이 떠나버린다. 이는 자신의 개성을 저버리기보다는 자신을 개발하는 것이 더 낫다고 생각하기 때문이다. 옛날에는 자기 자신보다는 상대방을 예의상 더 중요시하는 풍조였다면, 오늘날에는 "나"라는 존재가 무엇보다도 우선시 되며, 신세대들은 그 이전의 가치를 위선이라 치부하며, "나"에 모든 것을 걸고 있는 것이다. 그래서 우리의 최선의 야망은 "나"를 다른 이들로부터 존경받는 대상, 질투의 대상이 되는 걸작품으로 만드는 것이다. 나는 성공해야 하고, 행복해져야 하는 지상최대의 목적이 있기 때문에, 실패나 나의 가치가 허물어지게 되는 것보다 더 큰 불행은 없는 것이다.

자기중심적인 사고, 자기애는 남녀간의 관계에도 연장되어, 내가 받기 위해서 상대방에게 주는 것이 애정관계의 철칙이 되어 있다. 그나마 받기 위해서 주는 것만 해도 다행인 것이, 받기만 원하는 예도 무궁무진하기 때문이다. 이는 결국 어떠한 것도 그 대가를 치러야 한다는 것이다. 시대가 바뀌고, 사회계층이 달라도, 한 가지 공통점이 있다면, 사랑을 공평하게 나누지 않는다면, 각자 그에 해당하는 다른 것으로 보상을 해야 했다는 것이다. 결혼 지참금으로 지위나 사회적인 계급상승을 꾀하거나 살림이나 자녀 양육에서 그 일을 나누어 해야 했다. 아무리 겉으로는 서로 주고받는 사랑을 계산하지 않는 척하지만, 언젠가 우리는 "은혜를 모른다"라든지, "한 것이 무엇이 있느냐 혹은 해준 것이 무엇이냐"라며 주고받은 사랑의 내용을 저울질하게 된다는 것이다. 이 말은 사랑은 그 증거들로 표현되며, 상호성으로 지속된다는 것을 의미한다. 사랑은 "나"에서 "우리"가 되어야 하기 때문에, "우리"라는 상호성의 원칙이 계속해서 지켜지지 않으면, 부부간의 공동생활이 부당하게 느껴지게 되고, 더 나아가 상대방에 대한 무관심, 혹은 배려의 부재로 드러나게 되는 것이다.

신분의 차이와 같이 외적인 장애물이 사라진 오늘날 사랑하는 것이 더 용이해야 하지만 오히려 사랑하는 것이 더욱 힘들게 느껴지는 것은 장애물이 내면화되어 이상화할 대상을 찾기 힘들기 때문이다. 다시 말해서, 우리의 나르시시즘을 투영할 만한 상대를 찾을 수가 없다는 말인데, 이는 각자 자신만을 생각하고, 자신만을 사랑하는 이기주의의 틀 속에 갇혀, 상대방을 나의 거울에 투영할 줄을 모르기 때문이다. 그리하여 오늘날 우리의 삶이 점점 더 각박하고 힘들게 느껴진다면, 그것은 사랑하는 것이 혹은 사랑 받는 것이 점점 더 힘들어 졌다는 것을 의미하는 것이다. 이와 같이 삶과 사랑은 서로 밀접하게 유기적인 관계를 맺고 있는 것이다.

III.

사랑과 여성의 이미지

Ⅲ. 사랑과 여성의 이미지

"여자는 말할 수 없을 만큼 남자보다 사악하다. 그리고 또한 훨씬 똑똑하다."
니체(Nietzche), *Ecce homo*, Paris: Flammarion, 1992, pp.99-100.

착한 여자와 예쁜 여자 사이에서 누구를 더 선호하겠냐는 어리석은 질문을 남자들에게 한다면, 남자들은 예쁜 여자가 착해 보인다고 능청스럽게 대답할 것이다. 좋은 외모는 사랑을 할 수 있는 기회를 열어주는 첫 번째 관문이며, 호감을 유발하는 큰 요소로 보여진다. 이는 예쁘다는 ≪부분≫을 ≪전체≫로 착각하는데서 기인하는 현상일 것이다. 또한 외적인 아름다움이 내적인 아름다움을 담고 있고, 이를 반영한다고 생각하면 더더욱 그럴 것이다. 파스칼(Pascal)이 그의 <수상록>(*Pensées*, n°323)에서 말한 것처럼, "우리는 사람을 사랑하는 것이 아니라, 그의 장점만을 사랑하는 것"이 아닐까? 파스칼은 외적인 아름다움 때문에 누군가를 사랑한다면, 그는 그 사람을 사랑하지 않는다고 적고 있다. 왜냐하면, 천연두 같은 병이 사람은 안 죽이고, 그 아름다움만을 죽였을 때, 그 사람을 더 이상 사랑해야 하는 이유가 없어지기 때문이다. 알베르 꼬엔(Albert Cohen)도 그의 <부호의 미녀>(*Belle du Seigneur*)라는 작품에서 우리는 과연 이가 다 빠진 아름답던 여인을 사랑할 수 있는지 그 의문을 제기한다. 또한 쎄비녜 부인(Madame de Sévigné)은 <서한집>(Lettres)에서, "아름답지 못한 여인은 인생의 반밖에 알지 못한다"라고 적고 있다.

이처럼, 외적인 아름다움[7]은 무엇보다도 중요한 요소임이 틀림없다. 사실, 많은 여성들은 자신의 외적인 아름다움을 통해서 자신의 존재를 확인하려한다. 누군가를 유혹해서, 그가 자신을 사랑하게 되면 그에게 커다란 힘을 발휘할 수 있게 되기 때문이며, 사랑을 받게 되면, 자신의 존재의 토대, 위엄, 가치를 얻게 된다고 믿기 때문이다. 이러한 사고를 데카르트의 유명한 철학 형식에 적용하여 본다면, "나는 생각한다. 고로 존재한다"가 아니고, "당신은 나를 사랑한다. 고로 나는 존재한다."라는 여자에 있어서의 수동적이고 예속적인 사랑 존재론이 탄생하는 것이다.

일과 사회생활을 적극적으로 하는 남자들은 자신들을 독립적인 존재로 여기지만, 집에 머물러 있는 대부분의 여자들은 자신을 남자들의 애정을 필요로 하는 약한 존재로 여긴다. 이러한 사실이 여자들이 그토록 자

7 그런가하면, 스탕달은 그의 <사랑론>에서, "아름다움이란 단지 행복의 약속일 따름이다"(p. 59)라고 했다. 이는 약속이 지켜질 수도 지켜지지 않을 수도 있는 관계로, 아름다움을 행복의 최소한의 단위로 놓은 것이라고 볼 수 있다.

신들의 몸에, 피부에 그리고 아름다움에 정성을 쏟는 이유를 설명해 줄 수 있는 근거가 되기도 한다. 남자들이 외모가 아름다운 여자를 꿈꿀 때, 여자들은 사회적인 지위와 권력과 부를 가진 남자를 꿈꾸기 때문에; 남자에게 있어서, 사랑이 많은 자신의 열정들 중의 하나일 수 있는 반면에, 여자들에게 있어서는 전 삶이 달려있는 결정적인 유일한 열정인 경우가 많은 것이다. 그러한 이유로, 여자들은 자주적이지 못한 존재론이기는 하지만 어찌되었던 자신을 사랑하는 사람의 눈에 매력적으로 보이기 위해 자신이 가지고 있지 않은 장점을 마치 가진 듯이 위장하기도 하고, 자신의 능력을 과장하기도 하며, 자신의 최상의 모습을 보여주려고도 한다. 결국 자신의 이상적인 외적인 이미지대로 존재하기 위해서 노력함으로써 자아 향상이라는 결과를 낳을 수도 있는 것이다. 이를 가리켜, 우리는 통상 사랑을 하면, 예뻐진다고 하는 것이다. 이는 내적인 가치가 외적인 아름다움에 투영되어 나타나고 있기 때문일 것이다.

어찌되었던, 사랑한다는 것은 스탕달이 <사랑론>(*De l'amour*)에서 말하는 것처럼, "우리를 사랑하는 사랑스러운 대상을 바라보고, 만져보며, 모든 감각으로 느끼는 즐거움을 갖는 것"일 수 있다. 스탕달이 이야기하는 "우리를 사랑하는 사랑스러운 대상"에는 분명히 우리를 먼저 사랑해야한다는 전제가 있고, 그 다음에 상호성이 존재하고 있다. 사랑이라는 선과 미덕은 서로 나누어야 하며, 각자 공통적인 사랑에 참여해서, 사랑에 있어서의 자신의 몫을 받고, 되돌려 줄 수 있어야 하는 것이다.

그런데, 여성은 천사인가? 악마인가? 경우에 따라서는 숭배하는 여신도 되었다가, 멸시하거나 두려워하는 인간이하의 악녀도 되었다가, 여성은 도무지 객관적으로 묘사되지 않는다. 여성이 비천하게 보여 지고, 그렇게 여겨져 온 원인을 혹자들은 아담이 신의 아들인데 반해, 이브는 아담의 갈비뼈로 만들어 졌으니 인간의 딸에 불과하기 때문이라고 한다. 게다가 뱀에 속아 아담을 유혹하여 인류의 비참한 역사가 시작되었다고 하니...

아담과 이브가 아니더라도, 전통적인 남성 중심사회에서 여자는 일종의 필요악으로서, 없이 지낼 수 없는 만큼 여성들의 영역을 가능한 한 좁히고, 남성과 반대되는 이미지를 심어온 것이 사실이다. 신의 피조물인 남성이 선을 구현한다면, 악마의 피조물인 여성은 악을 구현하는 것처럼 말이다. 14세기에 쎙 오귀스땡(Saint Augustin)은 그의 저서 <과수원의 꿈>(*Le Songe du verger*, 1376)에서 여자를 모든 악의 근원으로 그리고 있다:

“여자는 튼튼하지도 않고, 안정되어 있지도 않고, 증오에 가득 차 있고, 나쁜 악성을 마음의 양식으로 삼는 일종의 짐승이다... 여자는 모든 다툼과 불화, 부당함의 원천이다.”[8]

그런가 하면, 장-쟈크 루쏘(Jean-Jacques Rousseau)는 그의 <인간의 불평등의 기원과 근거론>(*Discours sur l’origine et les fondements de l’égalité parmi les hommes*)에서, “사랑은 인위적인 감정이며, 사랑은 관습에서 나왔으며, 여성들의 제국을 확립하고, 복종해야 하는 약한 성을 주도하는 성으로 만들기 위해서 여성들이 능란하게 찬양하는 것이 사랑이다. 그러므로 사랑은 여자에게 명령하는 남자들을 다시 명령하는 힘이며, 지배하

8 Saint Augustin, *Le Songe du verger,* 1376, livre I, chapitre CXLVI.

는 힘에 대한 반격이다."[9]라고 하였다. 사랑을 자연스런 감정으로 여기는 우리의 통념을 완전히 뒤집은 관점으로, 미루어 짐작하건대, 루쏘는 사랑을 믿지 않았으며, 여자들이 지배세력인 남자들을 누르는 유일한 방법으로 고안해낸 것을 사랑으로 본 것이다.

이후에, 예를 들어 나폴레옹 법전[10]에도, 남성에게는 권리를, 여성에게는 의무를 확실하게 규정해 주고 있다. 이처럼 여자들은 보마르쉐(Beaumarchais)가 그의 한 인물의 입을 통해 주장하는 것처럼, "권리를 행사해야 하는 부분에서는 미성년자취급을 받고, 잘못을 저질렀을 때에는 성인처럼 처벌을 받게 되어 있었던 것"[11]이다. 지금까지 나열한 많은 예에서 보는 것처럼, 부정적이고 열등한 여성의 이미지는 곳곳에서 눈에 띤다. 그러나 한 여자(이브)가 인류를 불행의 구렁텅이로 밀어 넣었다면, 다른 한 여인(성모 마리아)은 인류를 구하는데 공헌하지 않았는가? 이는 여성이 불길하고 화를 몰고 올 수 있는 위험한 인물이 될 수도, 구원과 숭배의 대상이 될 수도 있다는 말이다. 여신이든 악녀든 운명적인 아름다움으로 또 다른 남자들의 운명을 바꾸어놓는 여인들의 숫자는 이루 헤아릴 수 없다. 아담을 유혹한 이브에서 시작해서, 삼손을 유혹한 달릴라, 트로이의 전쟁을 발발하게 한 헬렌, 돈 호세를 유혹한 카르멘, 마농 레스꼬, 마르렌느 디트리쉬(Marlène Dietrich)... 꿈에서 그리던 여인을 만난 줄 알았던 수많은 남자들이 정작 파멸과 죽음의 품에 안긴 줄을 몰랐던 것이다. 그런 점에서, 사랑과 죽음의 관계를 다시 되새겨 볼 필요가 있다. 일단 그리

9 Jean-Jacques Rousseau, *Discours sur l'origine et les fondements de l'égalité parmi les hommes*, 1부, Paris: GF.-Flammarion, (초판 1754) 1992. pp. 216-217.

10 예를 들어, 나폴레옹 법전 213조(1804년)에는 "남성은 여성을 보호해야 하며, 여성은 남성에게 **복종**해야 한다"고 적고 있다. 이는 19세기에 이르러서도 아직까지 중세기의 영주와 신하사이에 존재하던 보호와 복종의 관계가 남녀관계에 적용되고 있음을 보여준다. 그리하여 모든 권리를 박탈당한 여자는 한낱 가구와 마찬가지로 남편에게 재산처럼 귀속되어 있었던 것이다.

11 Beaumarchais, *Le mariage de Figaro*(초연 1783), Paris: Bordas, 1985, p. 134.

스어인 Eros와 Thanatos는 -os라는 발음이 유사해, 이미 유추법으로 연결되어 있다는 것이다. 그리하여 우리는 사랑을 하게 되면, "이제 죽어도 좋아" 혹은 "상대방을 위해서 목숨을 걸 수 있다" 등의 극단적인 생각을 하게 된다. 이는 사랑과 죽음이 동전의 앞뒷면처럼 연결되어 있기 때문이다. 이와 관련되어 죽음도 불사하는 운명적인 커플을 논할 때, 풀리지 않는 의문점들이 있는데, 왜 (상호적이든 아니든) 욕망이 다른 모든 사람을 제외한 바로 그 한 사람에게 고정되어 있으며, 왜 뜻하지 않던 만남이 죽음으로까지 이르는 영원히 변함없는 확고한 관계가 되는가? 하는 점이다.

사랑한다는 것은 우선 수많은 사람들 중에서 ≪**선출**≫하는 것이다. 플라톤이 그의 <향연>(*Le Banquet*, 205e)에서 말했던 것처럼, 우리는 선한 것만을 갈망하고 사랑한다. 혹은 선해 보이는 것을 사랑한다. 플라톤은 욕망을 선(혹은 아름다움)을 추구하는 것으로 정의하였다. 그리하여 한 대상이 평소에 자신이 추구하던 선을 구현한 인물로 보일 때, 그는 사랑에 빠지게 되는 것이다. 또 사랑에 빠진 자는 다른 선택이 있을 수 없고, 모든 사람 중에 오로지 한 사람, 그 얼굴, 그 이름이어야만 한다. 플라톤은 위에 언급한 작품에서 적어놓기를, 제우스가 본래 양성이던 인간을 신에 도전한다는 이유로 남, 여로 나누어 놓았고, 그 이후에 대장간의 신 헤파이토스(Hephaïtos)가 사랑에 빠진 두 연인에게 질문을 했다고 한다:

"밤이고 낮이고 당신들이 떨어져있지 않게 하나의 존재가 되기를 원하는가? 원한다면, 나는 너희 둘을 녹여 하나의 존재 그리고 같은 존재로 너희를 합쳐 주겠노라."(192 d-e)

제우스에 의해서 잃어버린 나의 반쪽을 되찾았을 때 우리는 운명적인 사랑을 느낀다. 그러나 헤어져 있었던 관계로 각자 다른 환상을 가지고 재회하게 되는 것이다. 그래서 사랑을 지칭하여 두 개체가 서로 나눌 수 없는 환상 주위를 빙빙 돌면서 나누는 둘만의 기쁨이라고 부르기도 하는 것이다. 이는 서로가 가지고 있는 환상은 나눌 수 없으나, 사랑의 기쁨은 나눌 수 있다는 것이니, 서로 분리되었던 두 존재가 각자의 환상을 가지고 서로의 반쪽을 찾아 헤메다 **다시 하나**로 합쳐지는 것이 사랑인 것이다. 그러나 이러한 사랑도 구체적으로 실현되고자 할 때, 장애물 투성이인 현실에 부딪치게 마련이다. 그 현실이 가정적인(집안의 반대), 혹은 더 나아가 사회적인 문제(간통)일 수도 있고, 죄의식이나 성적인 타부 같은 도덕적인 문제일 수도 있고, 서로 멀리 떨어져 있든지, 질병이 있든지 하는 물질적이거나 구체적인 문제, 그 밖에 종교적, 문화적, 정치적인 문제일 수도 있다. 이 모든 경우에 있어서, 현실로 대변되는 장애물들은 소설을 이끌어 가는 원동력으로써 사랑의 불씨를 꺼지지 않게 유지하는데 있어서 없어서는 안 되는 중요한 요소이다. 결과적으로, 프랑스의 20세기 작가 아라공(Aragon)이 말한 대로, 이 세상에는 ≪행복한 사랑은 없는 것≫일까?

독자들은 기쁨이라는 감정보다는 불행이라는 감정에 더 쉽게 공감한다. 감성과 이성 혹은 의무와 기쁨사이에서 고통 받는 주인공들을 보여주는 것은 모든 감동의 원천을 제대로 짚은 것이다. 게다가 죽음의 두려움까지도 극복하는 사랑의 승리를 보여주는 것은 감동의 극치가 되는 것이다. 많은 사람들이 여성의 이미지를 부정적으로 그렸으나, 그토록 많은 결점에도 불구하고, 죽음까지도 불사하며 한 여인을 사랑하려하는 것은 잃어버린 혹은 부족한 다른 한쪽을 찾고자하는 것이 아닐까 한다. 이에 알프레드 뮈쎄(Alfred Musset)의 <사랑가지고 장난마소>(*On ne badine pas avec l'amour*)라는 작품의 한 부분을 인용하고자 한다:

"모든 남자는 거짓말쟁이이고, 충실하지 않고, 허울뿐이고, 수다쟁이이고, 위선적이며 거만하거나 비겁하고, 경멸할만하며, 육감적이다; 모든 여자는 신의가 없고, 교활하고, 허영심이 많으며, 호기심도 많고, 부도덕하다; 이 세상은 가장 보기 흉한 물개들이 진흙탕 속에서 기고 비트는 끝이 안 보이는 하수구다; 그러나 이 세상에는 신성하고 고귀한 것이 하나 있으니, 그것은 그토록 불완전하고, 끔찍한 존재들의 결합이다. 사랑에 있어서 자주 배신당하고, 상처를 입지만, 우리는 사랑을 한다. 그리고 사랑을 할 때, 또 무덤에 들어가기 직전에, 우리는 과거를 바라보기 위해 뒤돌아서서 다음과 같이 말한다: 나는 자주 고통을 받았고, 가끔 실수도 했다. 그러나 나는 사랑했다. 이 세상을 산 것은 바로 나이지, 나의 거만함과 나의 우울함에 의해서 만들어진 꾸며낸 존재가 아니라는 것이다."[12]

12 Alfred Musset, *On ne badine pas avec l'amour*, Paris: Bordas, 1984(초연 1861), p. 68.

IV.

트리스탄과 이졸드, 사랑의 문학적인 원천

Ⅳ. 트리스탄(Tristan)과 이졸드(Isolde), 사랑의 문학적인 원천

사람들은 운명적이고 예외적인, 이 세상에 단 하나 밖에 없는 사랑을 꿈꾼다. 바로 이러한 사랑을 구현한 것이 트리스탄과 이졸드의 신화이다. 이 신화는 무척이나 풍부한 문학적인 소재들을 내포하고 있는데, 우선 무엇보다도, **사랑과 결혼**이 양립할 수 없다는 것을 보여준다. 가족의 해체가 사회의 혼란 더 나아가 붕괴로 이어질 수 있는 것을 보면, 사회구조가 결혼이라는 기본단위에 달려있음이 명백해지고, 그렇다면 오늘날 단순한 로맨스로 전락한 이 신화는 분명히 현실적인 위험일수도 꿈에 그리는 환상일수도 있다.

두 번째로 **사랑과 죽음**이라는 요소가 있다. 사랑과 죽음, 즉 치명적인 사랑만큼 우리에게 감동을 주는 사랑도 없다. 그렇기 때문에 행복한 사랑은 "이야기 거리"가 없어지는 것이고, 극적인 분쟁 구조가 없는 이야기는 소설화되지 않는다. 게다가 소설이 happy end로 끝날 때에도 주인공들이 일단 많은 고난과 역경을 극복한 다음에야 "결혼도 하고 아이들을 많이 낳고 잘 살았다"로 결말지어지는 것이다. 왜냐하면 결혼해서 아이들을 많이 낳고 잘 살게 되는 시점에는 다른 분쟁 요소가 대두되지 않는 한 더 이상 할 이야기가 없어지기 때문이다. 그래서 우리는 소설이 될 수 있는 이야기, 치명적인 사랑이야기, 즉 삶에 의해서 위협받는 사랑이야기만을 선호해왔다. 특이나 서양의 소설 속에서 보면, 부부간의 충만하고 깊은 애정이나 평화 혹은 안식을 그리는 것이 아니라 감각적인 기쁨, 전쟁, 열정 즉, 고통을 그려온 것이 사실이다. 우리 안에 있는, 그리고 우리 주위에 있는 기계적이고 일상적인 삶의 지루함으로부터 탈피하고자하는 욕구는 열정을 생기 있는 삶의 약속처럼 느끼게 한다. 그 결과, 우리는 열정 속에서 고통을 느끼기보다는 삶에 활력을 주는 에너지를 느끼게 되는데, 사실 사랑의 열정은 대부분의 경우 간통과 같은 ≪**불가능한**≫ 사랑이기 때문에 불행을 의미할 뿐이다. 드니 드 루즈몽(Denis de Rougemont) 같은 학자는 우리 사회가 아예 간통과 열정을 혼동하고 있다고까지 주장한다. 그렇다면,

트리스탄과 이졸드의 전설은 단지 도덕적인 오류를 주제로 삼았다는 말인가?

바그너(Wagner)의 오페라 *Tristan*도 한편의 간통의 오페라일 뿐인가?

그리고 간통이라는 것이 결혼이라는 계약위반을 의미하는 것 이외에 또 무엇을 의미하는가?

간통이라는 것은 선과 악을 넘어선 비극적이고 열정적인 분위기의 아름다운 드라마일수도, 혐오스러운 드라마일 수도 있는 것이다. 오늘날 이 신화의 사랑-정열이 민주화되다 못해 그 미학적인 가치와 정신적인 비극의 가치를 잃어버리고 혼란스러운 고통과 순수하지 못하고 슬픈 무엇인가로 남아 부유하고 있는 것이다.

드니 드 루즈몽의 위와 같은 주장이 옳고 그르고 여부를 떠나서, 우리가 우리에게 상처를 주며 불행을 안겨다주는 열정을 안정적이고 조화로운 삶보다 선호한다면, 이는 어쩌면 우리가 은근히 열정과 그로 인한 불행 자체를 즐기는 것을 원하는지도 모르는 것이다. 결혼을 진실한 사랑보다는 의무나 수단, 편의로 하는 사회 체제하에서 부부들은 도대체 무엇을

꿈꾸는가?

또, 간통 없는 서양문학은 과연 무엇이 되었겠는가?

서양문학은 "결혼의 위기"로 그 맥을 이어왔다고 해도 과언이 아닐 것이며, 종교가 죄악시하는 간통은 문학에서 희극적인 혹은 냉소적인 상황을 끊임없이 제공하는 원천과 같았다. 문학뿐만 아니라 보드빌(vaudeville)이나 불르바르(boulevard)[13] 연극에서도, 남편-부인-애인이라는 트리오(trio)의 등장이 흥행의 성공을 보장하는 중요한 요소라는 사실을 확인하고 나면, 결혼 생활의 참을 수 없는 감정적인 현실이 극명하게 드러나는 것이다. 잘못한 결혼, 실망한 결혼, 불만스러운 결혼, 반항심을 유발하는 결혼, 속은 결혼, 배신당한 결혼, 등등, 이 못마땅한 결혼 생활 속에서, 사람들은 실제로 혹은 꿈에서라도 후회나 두려움 속에서 간통을 통해서 결혼생활에 대한 반발의 기쁨을 혹은 유혹의 불안감을 맛보고자 하는 것이다.

1. 소설 트리스탄과 이졸드의 내용과 분석

트리스탄과 이졸드의 신화가 만들어진 시기는 12세기, 다시 말해서 당시의 엘리트들이 사회와 도덕 질서를 확립하고자 노력했던 시기이다. 그렇기 때문에 파괴적인 본능 표출을 더욱 제어해야 했는데, 종교는 이 본능

13 보드빌은 17세기 말경에 출현한 극 장르로써, 18세기 초에 그 특징이 잡히는데, 그것은 작품 중간 중간에 알려진 노래음률에 맞추어 인물들이 노래를 하는 것이고, 이 노래 부분이 1860년에서 1870 년경에 사라지자, 희극적인 상황에 의지하는 모든 극작품들을 가리켜 보드빌이라 했다. 이 보드빌은 언어보다는 중세 소극(笑劇), farce의 영향을 받아 동작의 희극성에 그 바탕을 둔 연극이다. 반면에 불르바르 연극은 전통적인 연극을 전수한 연극으로써, 잘 씌어진 연극, 언어 위주의 극, 풍속극, 상황극, 웃기 위한 오락적인 가벼운 극 등의 수식어가 붙어 다니는 연극이다.
그러나 다른 두 연극 형태가 공통적으로 다루는 주제는 주로 남녀의 삼각관계가 주종을 이룬다.

을 공격하기만 하니 사람들을 설득하는 것이 아니라 아예 반발심을 살뿐이었다. 그런데 트리스탄 소설[14]은 열정을 상징적인 만족감으로 확립하는 데 성공한 것이다. 도대체 그 내용이 무엇이기에, 사랑을 다루는 모든 서양문학에 근간이 되고, 혹은 그토록 영감을 불어넣어 주었다는 말인가?

트리스탄과 이졸드

트리스탄은 불행 속에서 태어났다. 그가 출생했을 때에는, 아버지는 이미 돌아가신 뒤였고, 어머니 흰 꽃(Blanchefleur)은 트리스탄을 출산하다가 숨을 거두었다. 그런 연유로 그의 이름이 프랑스어로 슬프다는 뜻인 triste와 사람이라는 뜻인 an(hum)이 들어가서 Tristan이 된 것이다. 그의 외삼촌

14 이 소설은 12세기에 5명의 작가들이 약간씩 다른 내용으로 다루었다: Béroul, Thomas, Eilhart, Joseph Bédier, Gottfried de Strasbourg. 이를 모방해서 쓴 독일, 이태리, 덴마크, 러시아, 체코의 작가들의 소설도 이와 유사하거나 일치한다. 우리는 이 다섯 작가들의 소설의 내용을 종합하여 소개하도록 하겠다.

인 콘웰(Cornouailles)의 왕 마크(Marc)는 그를 불쌍히 여겨 궁중으로 불러들여 그의 교육을 맡는다.

그의 첫 번째 용감함을 보여준 계기는 콘웰의 젊은 처녀들(혹은 젊은이들)을 요구하며 쳐들어온 아일랜드의 거인 모롤트(Morholt)를 물리친 것이다. 그러나 그 과정에서 트리스탄 자신도 독이 묻은 칼에 상처를 입어 소생할 수 있는 희망이 안 보이자 돛도 저을 노도 없는 배에 칼과 하프를 싣고 모험의 길에 나선다. 그의 배는 아일랜드의 한 해변에 닿게 되는데, 마침 아일랜드의 여왕만이 그의 생명을 구할 수 있는 비방을 알고 있다는 것이다. 그러나 거인 모롤트가 여왕의 동생이었기 때문에 트리스탄은 그의 이름도 그의 병의 원인도 밝히지 않고, 공주인 이졸드의 정성어린 치료를 받고 회생하게 된다. 이것이 이 소설의 서막이다.

몇 년 후 마크 왕은 새 한 마리가 그에게 물어다 준 황금빛 머리카락의 주인과 결혼하기로 결심한다. 그리하여 그는 트리스탄을 보내 그 문제의 황금빛 머리카락의 주인을 찾아오라고 명한다. 그런데 폭풍우가 트리스탄의 배를 다시 또 아일랜드 쪽으로 향하게 하고, 거기서 트리스탄은 아일랜드를 위협하는 용에 맞서 싸우다가 무찌르는데 성공한다. 그렇지만 괴물을 죽이다가 다시 부상당하게 되는 트리스탄은 또 한번 이졸드의 치료를 받게 된다. 그러던 어느 날 트리스탄이 자신의 외삼촌을 죽인 살인자라는 사실을 알게 된 공주는, 목욕하고 있는 그를 그의 칼로 베어버리려고 한다. 그러자 트리스탄은 마크 왕이 자신에게 맡긴 임무를 고백한다. 이에 여왕이 되기를 원하는 이졸드는 그를 용서하기로 한다. (작가에 따라서는 이졸드가 트리스탄의 목욕하는 모습을 보고 반하여 그를 용서했다고도 한다.)

트리스탄과 이졸드는 마크 왕의 나라를 향해 배를 타고 가는데, 갑자기 바람이 멈추고 더위가 기승을 부리니 이들은 자연히 목이 마르게 된다.

그러자 이졸드의 하녀인 브랑지엥(Brangien)은 그들에게 마실 것을 가져다준다. 그런데 하녀가 이들에게 실수로 가져다 준 음료수는 이졸드의 어머니가 미래의 부부, 마크와 이졸드를 위해서 만든 묘약[15]이었던 것이다. 이를 마신 두 사람은 ≪알 수 없는≫ 운명의 힘으로, 사랑을 서로에게 고백하고, 마침내는 잠자리를 같이 하게 된다. (Béroul의 소설에서는 이 묘약의 효과를 3년으로 제한하고 있고; Thomas의 경우에는 이 묘약의 중요성을 최소화하기 때문에, 이졸드가 트리스탄이 목욕할 때부터 그에게 반한 것으로 보고 자발적으로 생겨난 사랑에 중심을 두는가 하면; Eilhart나 Gottfried 등 다른 작가들은 반대로 마법의 묘약에 무한대의 효과를 부여하기도 한다.)

잘못[16]은 저질러졌으나, 트리스탄은 왕으로부터 받은 임무가 있고, 신하로서 왕에게 의무관계로 묶여있기 때문에 자신의 배신에도 불구하고 그녀를 왕에게 데리고 간다. 이졸드는 계략을 짜내어 운명적인 실수를 한 하녀 브랑지엥을 자신의 모습으로 변장시켜 왕과 첫날밤을 보내게 해 위기를 모면하게 되고 불명예로부터 벗어나는데 성공한다. 그러나 간신 무리들은 왕에게 두 사람의 사랑을 고발하여, 트리스탄을 추방하게 만든다. 그렇지만 트리스탄은 다시 새로운 계략을 써서, 자신의 결백을 증명하고 궁정으로 다시 되돌아오는데 성공한다.

간신들의 공모자인 난쟁이 프로신느(Frocine)는 두 사람이 연인 사이라는 사실을 증명하기 위해서 함정을 파기로 작정을 한다. 즉, 트리스탄과

15 이 묘약, love-drink는 프랑스어의 *amer*(쓰다라는 뜻으로 사랑하다라는 동사의 원형 aimer와 그 맥락을 같이 본다)와 *mer*(바다라는 뜻으로 주인공들이 묘약을 바다에서 마셨기 때문에 바다의 개념이 포함된다)를 합쳐서 만든 것으로, 사랑을 씁쓸한 것으로 해석하는 근거가 되기도 한다.
그런가하면, 에드몽 쟈베스(Edmond Jabès)는 사랑 amour에는 mur, 즉 벽이 있다고 해석하기도 한다.

16 이 최초의 잘못 없이는 소설도 존재할 수 없는 것이다.

이졸드의 침대 사이에 ≪고운 밀가루≫를 뿌려놓고, 왕으로 하여금 트리스탄에게 새로운 임무를 맡기게 하는 것이다. 임무를 맡게 된 트리스탄은 떠나기 전날 밤 마지막으로 이졸드를 만나기 위해 두 침대를 분리해 놓은 공간을 펄쩍 뛰어넘는다. 그러나 뛰어넘는 과정에서 최근에 부상당한 다리의 상처가 다시 다치면서 밀가루 위에 피를 뿌리게 된다. 이렇게 간통의 증거가 명명백백하게 드러나자, 이졸드는 나환자들 무리에게 보내지고, 트리스탄은 사형선고를 받게 된다.

하지만, 트리스탄은 이졸드를 구출하겠다는 일념으로 탈출하여 그녀를 모르와(Morrois) 숲으로 데리고 들어가 삼 년간의 힘든 삶[17]을 살게 된다. 그러던 어느 날 마크 왕은 우연히 잠들어 있는 두 연인을 발견하는데, 이 두 사람 사이에 칼이 놓여 있는 것[18]이 아닌가? 이를 정숙함의 증거로 판단하고 감동을 받은 왕은 이들을 깨우지 않고 트리스탄의 칼 대신에 왕실의 칼을 두고 떠난다.

삼 년이 지나가고, (Béroul에 의하면) 묘약은 그 효과를 다하게 된다. 트리스탄은 자신의 잘못을 뉘우치고, 이졸드는 궁정을 그리워하기 시작한다. 그래서 그들은 은둔자 오그랭(Ogrin)을 찾아가 도움을 청하며 이졸드를 다시 궁정으로 돌려보낼 수 있게 해달라고 한다. 그러나 이졸드는 트리스탄에게 왕이 자신을 잘 대우해주는지 확신이 설 때까지 나라를 떠나지 말아달라고 애원하면서, 그 대신 그가 자신이 필요하다고 신호만 하면 언제든지 그에게 달려오겠다고 약속을 한다. 그 이후 두 사람은 숲 관리자인 오리(Orri)의 집에서 몰래 여러 번의 만남을 갖는다. 그런데 왕비의 정조를 감시하는 왕의 신하들이 있어, 왕비는 자신의 정조를 증명해 보이

17 모르와 숲에 버려진 트리스탄과 이졸드의 상황은, 톨스토이(Tolstoï)의 <안나 카레니나>에서 운명적인 사랑과 열정에 이끌려 기쁨을 나눈 뒤에 참혹한 현실에 직면하게 되는 안나 카레니나 백작부인과 브론스키의 상황과 유사하다.

18 이 장면은 아서 왕과 원탁의 기사에서 아서 왕이 기사 란슬롯과 왕비 귄느비에브 사이에 놓여 있는 칼을 발견하는 장면과 동일하다.

기 위해서 ≪신의 재판≫을 요구한다.

그녀는 또 다시 속임수를 써서 이 시험에 성공하는데, 그 시험의 내용은 다름이 아니라 거짓말을 하지 않은 사람의 손은 전혀 데이지 않는다는 뜨겁게 달아오른 쇳덩어리를 집는 것이다. 이졸드는 그 쇳덩어리를 집기 전에, 왕과 배에서 내릴 때 도와준 천민을 제외하고는 어떠한 남자의 품에도 안기지 않았다고 맹세한다. 그런데 그 천민이 바로 변장한 트리스탄이었던 것이다.

그러나 새로운 모험들은 트리스탄을 멀리 떠나게 만들었고, 그는 차츰 여왕이 자신을 더 이상 사랑하지 않는다고 믿게 된다. 그 무렵 그는 바다 저편에서 또 다른 이졸드(흰 손의 이졸드 Iseut aux blanches mains)를 만나게 된다. 그녀는 금발의 이졸드와 같은 이름을 가지고 있는데다가 아름답기까지 하니, 트리스탄은 그녀와 결혼해 버린다. 그렇지만 자신이 소유한 여자로 인해 고통을 받게 되는 트리스탄은 부인을 처녀인 채로 두고, 먼 곳에 두고 온 소유할 수 없는 이졸드(금발머리의 이졸드 Iseut la blonde)만을 그리워하며 지낸다. 그러다가 다시 독이 묻은 칼에 죽을 지경으로 부상을 당한 트리스탄은 그를 유일하게 치유할 수 있는 콘웰의 여왕, 이졸드를 부른다. 이졸드의 배가 희망의 표시인 흰 돛을 올리며 다가오는 것을 본 흰 손의 이졸드는 질투심에 불타 트리스탄에게 돛이 검다고 알린다. 그 말에 절망하여 트리스탄은 숨을 거두고, 그 순간 금발의 이졸드는 배에서 내려 성에 도착한다. 그러나 그의 사망 소식에 접하게 되는 이졸드는 그의 몸을 끌어안고 그녀 역시 숨을 거둔다[19]는 이야기이다.

19 인동덩굴에 대한 단시(短詩)(*Lai du Chèvrefeuille*)에서 마리 드 프랑스(Marie de France)는, 트리스탄과 이졸드는 서로 떨어져서 살 수 없기 때문에 이들을 인동덩굴과 개암나무에 비유하였다. 즉, 인동덩굴이 개암나무를 휘감아 버리면 덩굴과 나무가 언제까지나 잘 살 수 있지만, 덩굴을 없애버리면 나무가 금세 죽어버리고 만다는 사실에 그 근거를 둔 것이다.

이 소설을 다시 세 가지 중요한 맥락으로 요약해 보면,

첫째, 트리스탄은 이졸드를 왕에게 데려다 준다. 왜냐하면 그는 왕과 충성으로 맺어진 관계이기 **때문이다**.

둘째, 두 사람은 삼 년간의 숲 속 생활을 청산하고 서로 헤어진다. 왜냐하면 묘약의 효과가 없어졌기 **때문이다**.

셋째, 트리스탄은 흰 손의 이졸드와 결혼한다. 왜냐하면 그녀의 이름과 아름다움 **때문이다**.

트리스탄 소설은 이 세 가지 눈에 띄는 ≪**외적인**≫ 요인 위에 그 토대를 두고 있다. 드니 드 루즈몽(Denis de Rougemont)은 이 소설에 대한 일련의 의문을 제기한다:

우선, 왕의 조카이자 신하인 트리스탄은 근친상간에 간통, 왕에 대한 배신까지 그 죄질이 무거워 보이기는 하나, 어떠한 적이나 특히 왕에 비해서 신체적으로 월등하고, 당시의 풍속은 힘이 센 자의 권리를, 무엇보다도 여자에 대한 권리를 신성시하였는데, 왜 트리스탄은 이 권리를 찾지 않았는가?

또, 트리스탄과 이졸드는 이미 죄를 지었는데, 왜 숲 속 생활에서 두 사람사이에 칼을 놓았는가?

소설가에 따라서는 아직도 사랑의 묘약이 그 효력을 발휘하고있는데, 왜 트리스탄은 이졸드를 왕에게 돌려주는가?

게다가 서로 헤어지자고 하는 순간에 왜 그들은 서로 다시 만나기로 약속을 하는가?

그리고 숲에서 남의 눈을 피해 몰래 만나면서 트리스탄은 왜 또다시 새로운 모험을 향해 멀리 떠나는가?

그런가하면, 죄를 지은 이졸드는 신까지 속이고 가까스로 계략을 찾을 수밖에 없었는데, 왜 자청해서 ≪신의 심판≫을 받겠다고 나서는가?

이 심판에서 결백이 증명된 두 사람은 굳이 헤어 질 필요가 없는데도 불구하고, 왜 트리스탄은 왕의 곁에서, 즉, 이졸드의 곁에서 떠나는가?

12세기에는 명예와 영주에 대한 충성심이 중요한 가치였는데, 왜 당시 시인들은 계략을 써서 영주를 속이는 기사의 모습을 보여주며, 왜 영주의 명예를 옹호하는 신하들을 간신으로 취급하는가? 사실, 신하들이 트리스탄을 질투했는지는 몰라도, 트리스탄과는 달리 거짓말을 하지 않았고, 속이지도 않지 않았는가?

사랑의 묘약만 해도 이졸드의 어머니가 미래의 부부를 위해서 만들었는데, 왜 3년만 그 효과가 있게 만들었는가? 그 기간이 부부가 누릴 수 있는 행복의 기한이란 말인가? 그렇다면, 묘약은 3년이 지난 후에 오히려 필요하지 않겠는가?

또, 흰 손의 이졸드와 결혼한 뒤에 그녀를 처녀인 채로 두고, 그 결혼 생활에서 죽음을 찾는 모험이외에는 다른 길을 찾지 못한 트리스탄은 왜 굳이 결혼을 하였는가?

이 모든 의문점들을 살펴보면서 우리가 발견할 수 있는 것은, 기사도라는 것이 중세 봉건시대의 현실이 추구하던 이상(理想)이었다는 것이다. 기사는 영주의 신하인 채로 마음속에 그리는 영주 부인의 신하로 인정받음으로써, 두 가지 의무 속에서 갈등하지 않을 수 없었다. 이러한 모순으로 볼 때, 기사도적인 사랑(amour courtois)[20]은 중세의 거친 풍습과 체계가 잡히지 않은 상태에 대한 반발로 생겨났을 것이다. 12세기의 결혼이라는 것이 영주들에게는 부인의 지참금이나 유산으로 받을 땅을 통합하여 재산을 증식시킬 수 있는 좋은 기회였고, 일이 뜻대로 잘 안 될 때에는 사돈의 팔촌, 먼 친척관계의 근친상간임을 들먹여 부인을 쫓아내고 결혼을 무효화하기까지 하는 하나의 수단에 불과했던 것이다. 이러한 중세 사회에서, amour courtois는 사랑과 결혼은 양립할 수 없다고 결론을 내린 것이다. 그도 그럴 것이 합법적인 결혼을 한 부부는 온갖 의무와 계산으로 연결되어 있지만, 그렇지 않은 연인들은 서로 상호적으로, 어떠한 의무나 대가 없이 사랑을 나눌 수 있기 때문이다. 그렇기 때문에 소설 속에서는 영주의 명예나 권리에 반하는 모든 것을 고발해야 하는 의무를 지닌 신하들이 오히려 간신 취급당하는 것이다. 이는 신하들 초유의 의무이전에 다른 가치가 추구되고 있음을 말해주고 있는 것이다. 즉, amour courtois의 비밀을 밝히는 자는 배신자가 되는 것이다.

이 소설은 사랑과 결혼을 대치시키면서 기존의 확립된 사회 제도를 비

20 기사도적인 사랑(amour courtois)은 기사나 트루바두르(troubadour)라는 음유 시인들이 마음속으로 애틋하게 그리는 이상화된 지체 높은, 즉 접근이 불가능한 여인의 하인이 되어 ≪영원히 만족시킬 수 없는 사랑≫, 열정적이고 탄식 어린 추앙을 하면서도, amour courtois의 규칙인 비밀, 참을성, 절도를 지키는 불행한 사랑이다.

웃고, 쉽게 속는 남편을 모욕하며 **합법적인 구속**이라고 할 수 있는 결혼의 틀 밖에서 그리고 결혼에 반하여 사랑하는 이들의 미덕을 찬양한다. 그렇지만 이러한 사랑도 사랑에서 ≪만족≫을 얻는 것을 금한다. 사랑하는 여인을 완전하게 소유하는 것은 더 이상 사랑일 수 없고, 지루한 **현실**이 되어버린다는 것이다. 그리하여 그들은 서로 헤어질 기회가 올 때마다 그 기회를 놓치지 아니하며, 그 기회마저 오지 않는다면 아예 인위적으로 장애물을 만들기까지 하는 것이다. 트리스탄과 이졸드 사이에 있던 욕망에 대한 정열의 승리를 상징하는 정절의 칼, 3년간의 숲 속 생활 끝에 남편에게 되돌아가는 이졸드, 아니면, 심지어 트리스탄의 백지결혼이 바로 그 대목을 보여주는 것이다. 그리고 이졸드를 용으로부터 구출해주고 사랑의 묘약까지 마신 트리스탄이 이졸드를 마크 왕에게 보내지 않아도 되는데도 불구하고 보내는 이유도 amour courtois의 법칙이 열정이 현실화하는 것을 금하기 때문이다. 이로써 연인들은 그들의 행복과 생명을 희생해서라도, 또 그 희생이 그들을 고통스럽게 만든다고 할지라도, 사랑을 위한 사랑 혹은 사랑에 대한 사랑을 추구하여 ≪실현되는 사랑≫, ≪만족스러운 사랑≫보다는 실현되어서는 안 되는 사랑, 만족할 수 없는 사랑을 선호하는 것이다. 그래서 사람들은 이를 ≪달콤한 고통≫이라고 부르지 않는가? 혹은 스탕달이 말하는 것처럼, ≪사랑하는 것은 고통이 시작되는 것≫이란 말인가?

2. 사랑을 사랑하기[21]

"만일 사람들이 사랑에 대해서 말하는 것을 듣지 못했다면, 절대 사랑에 빠지지 않았을 것이다."

라 로슈푸코(La Rochefoucauld), <잠언집>(Maximes), n°136

달콤하게 고통받고자하는 ≪**의지**≫가 사랑이라고 믿는 트리스탄과 이졸드는 과연 서로 사랑을 한 것일까? 너무나도 극명한 사랑의 대명사격인 트리스탄과 이졸드의 사랑에 의문을 제시하는 것은 어쩌면 모순인지도 모른다. 그러나 두 사람은 삼 년에 걸 쳐 숲 속에서 생활한 후에 은둔자 Ogrin을 찾아가, 그들의 죄를 고백하는 대신에 사랑의 묘약을 타락의 주범으로 지목한다. 이를테면, 그들은 그냥 사랑을 했지, ≪**서로**≫ 사랑하지 않았다는 이야기이다. 뿐만 아니라, 그들은 죄를 지었지만 뉘우칠 수가 없다. 왜냐하면, 사랑한 것은 그들의 책임이 아니기 때문이다. 운명이 그들을 짓누르니, 그들은 선과 악, 기쁨과 고통, 모든 도덕적 가치를 뛰어넘어 운명의 힘에 신음하면서도 이 운명에 그들을 기꺼이 맡길 따름이다.

묘약자체도 이미 마법의 산물로써 운명적인 방법으로 작용하는데다가, 이에 덧붙여져서 하녀마저 운명적인 ≪**실수**≫를 저질러 트리스탄과 이졸드가 이 묘약을 마시게 되니 운명이 이중적인 의미를 지니게 되는 것이다. 운명[22]이라는 것은 태어나기 이전에 이미 정해진 삶과 혹은 초자연적인

21 오귀스땡(Augustin)은 <고백>(*Confessions*)에서 *Amabam amare*, "사랑을 사랑한다"라는 표현을 쓰고 있다.

22 그리스 사상에서는 운명을 세 가지 면모로 본다:
1. *Moïra*: 태어나기 이전에 이미 정해진 어쩔 수 없는 삶.
2. *Tukhè*: (좋은 혹은 나쁜) 만남, 우연.
3. *Daîmon*: 우리 안에 우리가 모르는 존재가 있어 우리 의지와는 무관하게 우리를 이끄는 힘.

힘이나 신비한 우연 앞에서 인간의 의지나 이성이 무력해지는 것을 가리킨다. 즉, 운명은 우리의 단순한 논리로 설명할 수 없는 걱정스러운 현상을 파악하려고 시도하는 일종의 신화인 것이다. 그래서 묘약은 내적인 요소인 의지의 무력함을 강조하는 동시에 타부를 위반할 수 있는 외적인 요소, 즉 운명을 도입하는 것이다. 즉, 두 주인공들은 묘약을 마시게 됨으로써, 죽음을 마시게 된 것이나 마찬가지이다.

우리는 결국 가장 용감한 기사 트리스탄과 가장 아름다운 공주(왕비) 이졸드가 ≪서로≫ 사랑하지 않았다는 결론을 내릴 수 있다. 그들이 사랑하는 것은 사랑이고, 더 나아가 사랑한다는 사실이다. 그렇기 때문에 그들은 사랑에 반대되는 모든 것이 오히려 사랑을 보장해준다고 믿고, 장애물들을 인위적으로 만들어내며 끊임없이 사랑의 희열을 느끼고자 하는 것이다. 이때, 이들이 만들어내는 장애물은 열정의 진전에 꼭 필요한 **구실**이며, 궁극적으로는 열정의 적이다. 트리스탄은 사랑하고 있다는 느낌을 좋아할 따름이고, 이졸드 또한 트리스탄을 곁에 붙잡아 두려는 어떠한 시도도 하지 않는다. 자신 안에 있는 상대방을 찾는 그들에게는 서로를 사랑하는 **현실**이 필요한 것이 아니고 "서로를 사랑하는 것"을 사랑하는 **환상**[23]이 필요한 것으로, 열정적인 꿈만 있으면 충분한 것이다. 그리하여 그들은 서로의 정열을 불태우기 위해서 서로를 필요로 할뿐이다. 그렇지만 있는 그대로의 서로를 필요로 하는 것도 아니오, 상대방의 곁에 있어주는 것이 필요한 것도 아니오, 다만 상대방의 **부재**가 필요한 것이다. 이와 같이 두 연인은 헤어질 수밖에 없고, 헤어지는 것도 열정 그 자체에서 기인한다고 보아야 할 것이다. 이 열정으로 욕망의 달콤한 아픔을 불러일으키는 존재를 사랑하는 트리스탄과 이졸드는 사랑-열정과 나르시시즘(narcissisme)을 분명히 혼동하고 있는 것이다.

23 다니엘 씨보니(Daniel Sibony)는 그의 *Le féminin et la séduction*에서, "사람들은 자신들의 환상을 현실의 상태로 살아가는 것을 혐오한다"(p.162) 고 적고 있다.

그리고 사랑을 사랑하는 사람들은 그들에게 일어나는 일들이 분명히 외부에서 만들어진 운명이라고 믿겠지만, 사실은 그들의 내면이 열렬히 갈망한 운명이라고 할 수 있다. 그리하여 그들은 이 고통스러운 운명을 즐기려 한다. 크레티앙 드 트르와(Chrétien de Troyes)가 말하는 것처럼:

"모든 아픔과 나의 아픔은 다르다. 나의 아픔은 내 마음에 들고, 나도 내 아픔을 즐긴다: 나의 아픔은 내가 바라는 바에서 오는 것이고 나의 고통은 나의 건강이다. 그렇기 때문에 나는 불만을 가질 이유가 없다고 본다. 그 이유는 나의 아픔이 나의 의지에서 오기 때문이다. 나의 의지가 나의 아픔을 쥐고 있지만, 나는 이렇게 고통 받는 것을 원하기 때문에 아주 유쾌하게 고통 받는다. 그리고 나의 고통에 얼마나 많은 기쁨이 있는지, 나는 쾌락 속에서 아픔을 느낀다."

의도적인 정조는 사랑의 상징적인 자살이며, 삶의 오만함을 지지하는 켈트족(Celtes)의 강건한 전통에 대한 기사도적인 이상의 승리이다. 또한 욕망 속에 살아 있는 충동적이고 동물적이며 적극적인 요소들을 정화하는 방법이기도 하며, 한마디로 욕망에 대한 금욕생활을 의미하는 열정의 승리, 삶에 대한 죽음의 승리라고도 할 수 있다. 폭풍우 속에 구름 떼가 몰려있듯이, ≪사랑에 대한 사랑≫은 죽음을 간직하고 있는 것이다. 그리고 사랑의 묘약이라는 구실이외에는 치명적인 욕망을 감출 수도 정당화 할 수도 없기 때문에, 열정은 묘약이라는 알리바이가 반드시 필요한 것이다.

그러나 열정이 살 수 없는 결혼은 단지 두 육체나 가문이 결합하는 것에 불과한 것이고, 지상최대의 Eros인 사랑(*Amor*)은 이 세상에서 가능한 모든 사랑을 초월하여 빛을 발하는 결합으로 나아가는 영혼의 갈망이다. 그렇기 때문에 사랑은 정조를 전제로 하고, 정조 또한 사랑에서 오는 것이다. 그런데, 정조 관념이 점점 희박해져 가는 오늘날의 사랑은 그 손쉬움 때문에 더 이상 장애물이 없어 보여, 기존의 신분의 격차 같은 외적인 요인보다는 성격차이 같은 내적인 요인이 두 사람의 관계를 정립하는데 있어 장애가 되어, 눈에 띄는 **장애물이 없는 것이 장애**인 신기한 변증법이 성립되어 버렸다.

V.

사랑의 문학사적인 흐름

V. 사랑의 문학사적인 흐름

1. 10~16세기

대략 10세기에서 15세기경으로 보고 있는 중세기의 사랑은 기사도적인 사랑(amour courtois)으로 요약된다. 기사도적인 사랑이란 기사가 봉건 군주의 부인에게 존경과 복종을 표시하는 사랑으로써, 사랑이 성스러운 성격을 띠며, 사랑을 다른 그 어떤 것보다도 우위에 두는 것이다. 군주의 부인을 사랑한다는 것은 곧 불가능한 사랑을 의미함으로 운명적이고 불행할 수밖에 없다. 그 대표적인 작품이 <트리스탄과 이졸드>(*Tristan et Iseut*)인데, 이 작품은 사랑을 토대로 한 모든 서양 문학의 근간이 되는 작품이다.

또 잘 알려져 있지는 않지만, 삐람므(Pyrame)와 띠스베(Thisbé)의 감동적인 사랑은 셰익스피어(Shakespeare)나 떼오필 드 비오(Théophile de Viau, 1623), 그리고 18세기의 다양한 멜로(mélo)물 작가들에게 영향을 주었고, 현대소설이나 영화들은 이 전설의 많은 요소들을 다시 재현해내기도 하였다. 그 이야기는 다음과 같다:

> 삐람므는 젊은 앗시리아(Assyrie)인으로, 젊고 아름다운 띠스베를 사랑하는데, 그녀도 그와 같은 감정을 가지고 있다. 그들은 같은 마을, 아니 거의 같은 집에 살고 있지만 그들의 부모가 서로 만나지 못하게 하는 관계로, 마을 바깥에 있는 흰 빛깔이 도는 뽕나무 밑에서 만나기로 한다. 그 약속시간은 저녁에 달빛이 드리울 무렵이었다. 베일을 쓴 띠스베가 약속 장소에 먼저 도착했는데, 그 곳에서 그녀는 입이 피투성이가 된 암사자의 공격을 받게 된다. 너무도 놀란 그녀는 황급히 도망가다가 베일을 그 자리에 떨어뜨리고 만다. 사자는 피투성이인 입으로 그 베일을 갈기갈기 찢어 놓는다. 잠시 후에 도착한 삐람므는 그 베일을 보고 띠스베가 사자의 밥이 된 줄 알고, 칼로 자신을 찔러버린다. 잠시 후 도망갔다가 다시 약속 장소로 되돌아온 띠스베는 죽어가고 있는 삐람므를 발견하고는 그 칼로 자신의 심장을 찌른다. 사람들이 전하기로, 그 뽕나무는 연인들의 피로 붉게 물들어, 희던 열매도 붉게 되었다고 한다.
>
> **–사랑과 죽음**

이 이야기는 여러모로 셰익스피어의 <로미오와 쥴리엣트> (*Romeo and Juliette*)를 연상시킨다. <로미오와 쥴리엣트>는 바그너의 오페라 <트리스탄과 이졸드>가 나오기 전까지 트리스탄과 이졸드 신화의 가장 아름다운 부활이라고 할 수 있는 작품이다. 마크 왕과 그 신하들은 베로나의 적대적인 두 가문으로 대체되고, 사랑의 묘약은 쥴리엣트의 거짓 죽음을 전

해야 하는 로렌스 신부[24]의 심부름꾼과 운명적으로 스쳐 지나가는 로미오로 인하여 죽음의 묘약이 되어버리는 점이 그렇다. 뿐만 아니라 <삐람므와 띠스베>의 전설과 동일한 상황이기도하다. 또 캐퓰렛(Capulet)家의 티볼트(Tybolt)가 로미오의 친구 머큐시오(Mercutio)를 죽이는 장면은 훗날 헐리우드(Hollywood)의 뮤지컬영화 *Westside story*의 테마가 되기도 한다.

운명적인 사랑을 한 유명한 커플들은 기존의 도덕적 가치나 사회적 질서, 혹은 편견을 불사하고, 이루어질 수 없는 불가능한 사랑을 한 사람들이다. 이들은 최선과 최악, 선과 악 사이의 선택이 아니라 법이나 도덕의 영역에서 벗어나고자 하는 소설 속의 주인공들인 것이다. 마크 왕과 그 신하들이든 삐람므와 띠스베 그리고 로미오와 쥴리엣트의 부모들이든, 이들은 힘을 가진 기성세대로서 이들에게 복종해야 하는 힘이 없는 젊은 연인들의 사랑을 방해한다. 결혼을 경제적인 부를 축적하고 사회적인 신분을 상승하고자 하는 수단으로 삼은 기성세대와 사랑을 기반으로 하는 결혼이 목적인 젊은 세대간에는 분쟁이 있을 수밖에 없는 것이다. 하지만, 반대와 역경을 극복한다 할지라도, 어렵게 한 결혼이지만 하루하루의 현실 속에서 열정은 찾아보기 힘들어지게 된다. 왜냐하면 사랑은 결혼이라는 법적인 절차를 거치면서 그 합법성과 영속성 속에서 퇴색하거나 사라지는 것이 대부분의 경우이기 때문이다. 이는, 장애물이 없어지는 Eros와 법은 서로 양립할 수 없다는 것을 의미하는 것일 것이다. 16세기는, 이미 14, 15 세기부터 교회가 쇠퇴하고 중세가 붕괴되어 문예부흥기 즉 르네상스를 맞게 되는 시기이다. 프랑스의 기사도적인 전통이 페트라르카와 같은 이탈리아 작가들을 발견하게 되 고 그 영향을 많이 받게 되는 시기로써, 세상을 바라보는 시각이 신 중심에서 인간 중심으로 바뀌게 되면서 인본주의가 사람들의 인식을 주도하게 된다. 그 결과 세속적인 사랑도 신에

24 로렌스 신부가 이성과 전통 그리고 사회를 대표하는 양가 부모들의 반대에도 불구하고, 젊은 연인들의 편에 서서 이들의 사랑을 도와주는 것은 사적인 일에 개입하게 되는 교회의 모습을 보여주는 재미있는 대목이다.

대한 사랑으로 나아가는 단계로 여기게 되었다.

2. 17세기

고전주의로 대표되는 17세기는 이성과 질서, 체계를 내세우며 난립하던 봉건 영주들을 중앙집권적인 강력한 왕권 밑에 두게 되는 시대이다. 신화가 풍습과 철학 속에 그 모습을 감추고, 국왕이 국가[25]인 절대왕조시대의 막이 열리면서 감정생활도 변혁을 하게 된다. 소설 속의 신화 이야기가 순수한 심리로 축소되고, 소설의 주제도 어쩔 수 없는 운명이 아니라 사랑을 ≪방해≫하는 것들이 되고, 장애물도 <트리스탄>에 나타났던 것처럼 죽음에 대한 은밀한 의지가 아니고 단지 명예나 사회가 된다. 그러

25 태양 왕 루이 XIV세는 "국가는 곧 짐이다"(L'Etat, c'est moi.)라는 강력한 왕권을 시사하는 말을 남겼다.

나 모든 것이 소설의 첫 장에서부터 예고되어 마지막 장까지 늦추어진 결혼에 의해서 끝난다. 그리하여 *happy end*가 17세기 소설에 의해서 만들어지게 된다. 진정한 기사도 소설이 죽음으로 끝이 났다면, 봉건영주의 시대가 끝나고 절대왕정이 확립되어 질서를 갈구하는 17세기에는 모든 것이 제자리에 돌아가는 것을 바라는 것이다. 이때부터 소설의 결말은 더 이상 불행이 아닌 행복으로 귀추 되어 버린다. 뿐만 아니라 비극적인 요소들도 차츰 ≪**감동적**≫인 요소로 변화되고, 운명도 단순한 소설적인 장치로 둔갑해 버린다.

17세기에는, 한편으로 데카르트(Descartes)의 합리주의가 자리를 잡는가 하면, 다른 한편으로 섬세함과 세련됨을 추구하여 과장되고 지나칠 정도로 겉멋을 부리는(précieux) 귀족들이 살롱(salon)을 중심으로 사교계를 형성하여 사랑의 이상을 명예와 너그러움, 예의와 품위, 자질과 존경 위에

세웠다. 그 대표적인 작품이 마담 드 라파이에뜨(Madame de Lafayette)의 <끌레브 공작부인>(*La Princesse de Clves*, 1678)이다. 열정에 대한 묘사가 비관적인 색채를 띠는 이 소설의 내용은 다음과 같다:

> 16세의 어린 나이에 사랑이 무엇인지도 모르고 끌레브 공작과 결혼한 샤르트르(Chartres)는 젊은 미남자인 느무르 공작(duc de Nemours)에게 마음을 빼앗긴다. 흔들리는 마음을 어머니와 남편에게 고백하고 자신을 바로 잡아달라고 요청하니, 어머니는 딸에게 남편과 자기 자신에 대한 의무를 저버리지 말라고 타이르면서 숨을 거두고, 남편은 그녀의 고백을 다정하게 받아주나 거짓 증거로 그녀를 의심하여 깊은 슬픔에 잠겨 있다가 아내의 결백을 알게 되자 곧 숨을 거두고 만다. 남편의 죽음으로 자유로운 몸이 되지만, 그의 죽음의 직접적인 원인이었던 느무르 공작의 사랑을 받아들이지 않고, 수녀원에 은퇴하여 두문불출하며 살다가 머지않아 그녀도 죽는다는 이야기이다.

– 사랑과 책임감

스탕달이 그의 <사랑론>에서 이야기한 것처럼, "정숙함은 사랑의 어머니"[26]이던가? 이 작품은 정숙한 연애관, 명예를 위하여 사랑을 억제하는 영웅적이고 감동적인 언행이 심리적 통찰과 함께 섬세하게 나타난 고전주의 소설의 걸작으로 여겨지는 작품이다. 그렇지만 정숙함이라는 것도 사실 알고 보면, 영원히 잊혀지지 않고 사랑 받고자 하는 갈망의 다른 표현이라고 볼 수 있다. 느무르가 뭍 사교계 여성들의 사랑을 받고 있는 마당에, 끌레브 부인이 자신의 열정을 이겨내지 못한다면, 자신도 느무르가 정복한 여인들의 리스트에 들어가는 일이니, 이를 거부하고 수녀원에 들어가 버리는 것이다. 이 작품에서는 과거 신화에서의 죽음이 의도적인 결별로 약화되고, 기사도는 정숙함이라는 미덕에 그 자리를 내주게 된다. 그러나 이러한 미덕도 "연애 없이 결혼이 이루어지면, 결혼 없는 연애가 생기게 되는" 자연스러운 현상을 막지는 못하는 것이다.

26 Stendhal, *De l'amour*, p. 81.

그런가하면, 자유사상가(libertin)들은 위의 작품과 같은 사랑의 이상주의를 기쁨과 쾌락의 이름으로 조롱하였다. 그 대표적인 작품이 몰리에르(Molière)의 <동 쥬앙>(*Don Juan*, 1665)[27]이다. <따르뛰프>(*Tartuffe*, 1664-1666)라는 위선적인 종교인들을 고발하는 작품을 써서 공연금지와 함께 종교 모독죄로 궁지에 몰린 몰리에르가 자신의 처지를 만회하기 위해서 쓴 작품이 동 쥬앙이다. 하나의 살아있는 신화가 된 이 인물은 작가에 따라서, 17세기가 비난했던 것처럼 신을 모독하고, 자유를 추구한다는 미명하에 풍속을 흐려놓는 경범죄를 저지른 위험한 자일 수도, 낭만주의가 추앙하는 반항자일 수도 그리고 19세기가 그려내는 오로지 여자를 밝히는 난봉꾼일 수도 있어, 때로는 부정적인 인물로, 또 때로는 긍정적인 인물로 등장하는 매우 역설적인 존재임에는 틀림이 없다. 주인공이 많은 여성들을 수없이 정복하고 차례로 버리면서, 신에게 도전하다가 타오르는 지옥의 불더미 속에 던져진다는 내용을 다루었으나, 오히려 그 과정에서 풍속을 흐려놓는다는 이유로 더 큰 반발을 산 작품이다. 어쨌든 모호하고 분

27 동 쥬앙은 1630년, 스페인의 Tirso de Molina의 *El burlador de Sevilla*에서 시작하여, 1650년 이탈리아의 Cicognini의 *Convitato di pietra*, 1665년 프랑스의 몰리에르의 손에 걸쳐, 1787년 Mozart가 *Opera buffa Don Juan*을 만들기까지 복수(複數)적인 의미의 사랑의 대명사이자 상징으로써 오늘날까지도 하나의 신화로 생생하게 남아 있다.

명치 않은 다른 도덕형식을 제시한 이 작품의 내용을 살펴보면 다음과 같다:

> 동 쥬앙은 수녀원에서 참하게 생활하고 있는 도냐 엘비르(donâ Elvire)를 유혹하여 결혼하자마자 그녀를 버리고 하인 스가나렐(Sganarelle)을 데리고 새로운 상대를 찾아 연애 모험에 나선다. 그의 뒤를 쫓던 엘비르의 오빠가 숲 속에서 도둑들의 습격을 받아 곤경에 처하자, 동 쥬앙은 그를 살려내는 용감함과 정의로움을 보여주기도 하지만, 사랑에 있어서는 비겁하고 거짓말을 잘하며, 수많은 대상을 끊임없이 추구하기 때문에 변화를 찾아다니는 신앙심이 없는 바람둥이 귀족이다. 교만함 때문에 결국 지옥으로 떨어져 신의 심판을 받게 되는 이 전설적인 유혹자는 훗날에도 언제까지나 여성과 남성의 은밀한 환상이 되었다.
>
> **– 사랑과 모험**

동 쥬앙의 줄거리는 24시간 안에 일어나든지, 열흘이 걸리고 10년이 걸리든지, 이는 중요하지 않다. 또한 공간적으로도 어떤 마을, 어떤 도시 더 나아가 어느 나라라도 상관없다. 게다가 몰리에르도 이를 정확하게 제시하는 대신, 단순히 "무대는 시칠리아"라고 제시하고 있는 것이 지문의 전부이다. 이는 무대를 불분명한 가공의 장소로 설정했던 당시 전원극 les pastorales의 영향일 수도 있고, 여인들을 능멸하며, 신을 모독하는 공간으로 프랑스를 피하기 위해서 그랬을 수도 있었을 것이다. 그 밖의 나머지 공간은 정원이 들여다보이는 궁전이나 녹음이 우거진 숲 속같이 모호하고 추상적인 공간으로 중요한 것은 존재할 수 있는 모든 세상이 그의 활동무대라는 것이다.

이 세상에는 항상 새로운 경치를 찾아 여행하는 것을 좋아하는 사람들이 있다. 이들은 같은 장소에 머물러 있게 되면 지루해한다. 그런가 하면 어떤 경치에 마음을 빼앗겨, 그 경치의 다양함을 발견하는 사람들도 있다. 그들은 계절이 바뀔 때마다 그 경치의 다양한 뉘앙스를 볼 줄 아는 것이다. 그런데, 동 쥬앙은 같은 경치에 진력을 내는 인물이다. 그는 미인들을 향한 어쩔 수 없는 움직임에 대해 이렇게 말한다: “나는 사랑의 자유를 원해, 그리고 나는 내 마음을 꼭꼭 가두어 두지도 못하지 (...) 나는 나의 시선을 끄는 모든 것에 몸을 내맡기는 자연적인 성향이 있어; 나의 마음은 모든 여자들 꺼야. 그러니까 내 마음을 차례대로 갖고서, 할 수 있는데 까지 내 마음을 사로잡는 것은 바로 여자들이 할 몫이지.”(III막 5장)

그가 이 여자에서 저 여자로 결혼약속을 하면서 “옮겨 다니는” 이유는 그 많은 여자들이 그의 욕망에 대한 대답이 될 수 없고, 그의 끝없는 욕망을 잠재워 그를 멈추게 하지 못하기 때문이다. 이는 곧 그의 다양함을 추구하고자 하는 열정이 궁극적으로 단조로움으로 치닫게 되는 것이다. 또한 그는 한 여자에게 매이지 않는 자유를 원하지만 이 또한 동 쥬앙으로 하여금 그의 끊임없는 욕망으로부터 자유스럽지 못하게 하는 모순적인 상황을 만들어낸다. 항상 굶주려있는 욕망을 구현하다보니 유혹의 승승장구 뒤에 곧장 따라오는 실망감으로, 갇혀진 순환구조를 가지고 반복할 수밖에 없는 것이 동 쥬앙의 삶이다. 순간적인 욕망의 발산이라는 위협 속에 그의 삶은 일시적이고 발작적일 수밖에 없어, 근본적으로 비극적인 시간성을 지닌 인물로 묘사되고 있다.

동 쥬앙은 새로운 관계를 만들어내고, 끊고, 다시 또 새로운 관계를 만들어내면서 정복과 결별이라는 닫혀있는 순환궤도에서 벗어나는 것을 거부한다. 매순간 새로운 관계로 다시 태어나는 동 쥬앙의 삶은 지속되지 않기 때문에, 그의 삶은 끊임없이 다시 시작하는 것이다. 그리고 그의 한 명, 한 명의 희생자들은 그의 순환적인 시간 속에서 반복하는 주기를 측정할 수 있는 지표역할을 하고 있다. 희생자가 존재하는 한 동 쥬앙의 시간들은 순환할 것이고, 그러다 보면, 그의 과거라는 것이 결국 미래의 예시이고, 미래 역시 과거와 같은 역사를 가지고 순환하게 되는 것이다. 다만 하루나 주일, 계절 등의 자연의 주기가 끝이 없는 무한한 순환성을 가진다면, 동 쥬앙의 시간은 연속적으로 흐르는 시간 안에서 제한되어 있다는 사실이다.

그런데, 도대체 무엇이 동 쥬앙으로 하여금 무수히 많은 여자들을 쫓아다니게 하는가? 그는 도대체 무엇을 찾는 것일까? 그 반대로, 그의 무엇이 여자들을 그토록 유혹하는가? 또 왜 남자들은 동 쥬앙을 꿈꾸며, 그처럼 행동하기를 원하는가? 동 쥬앙은 본능에 즉각적인 반응을 하며, 여자를 끊임없이 찾아다니지만 끊임없는 결별로 인해 어떠한 여자도 소유할 수 없는 존재이다. 소유의 관점에서 본다면 동쥬앙은 트리스탄의 전도된 모습을 한 인물이다. 왜냐하면, 트리스탄이 소유할 수 없는 한 여성을 끊임없는 열정으로 사랑했다면, 동 쥬앙은 셀[28] 수 없으리 만치 많은 여성들을 소유하지만 궁극적으로는 아무도 사랑하지 않는, 아니 더 정확하게 표현하자면, 사랑할 수 없는 인물이기 때문이다. 정복을 위한 끊임없는 움직임으로 대변되는 동 쥬앙은 과거도 미래도 없어 순간과 찰나를 살며, 사랑할 시간도 기다릴 시간도 없는 존재이다. 그 결과 ≪첫 눈에 반하는 것≫이 동 쥬앙의 몫이라면, 열정의 ≪운명≫은 트리스탄의 몫인 것이다. 그리하여 욕망은 빨리, 아무 곳이나 다 가지만, 사랑은 느리고, 어렵고, 한 인생을 진정으로 다 바치게 되는 것이다. 무한한 숫자의 여성을 ≪수집≫하려는 의지는 바위가 떨어져 내릴 줄 알면서도 이를 계속해서 다시 올려야 하는 시지프스(Sisyphe)의 운명[29]이나 사랑에 도달했는가 하면 다시 멀어져 있는 탄탈로스(Tantale)의 고통,[30] 혹은 밑 빠진 독에 물 붓기나 마찬가지인

28 모차르트의 *Don Giovanni*에서 보면, 그 셀 수 없는 숫자가 전 유럽에 걸쳐 대략적으로나마 나와 있다: 이탈리아에서 640명, 독일에서 231명, 프랑스에서 100명, 터키에서 91명, 그리고 스페인에서 1003명이다.

29 동 쥬앙을 일종의 시지프스로 보는 실존주의적인 견해가 있다: 그는 그 자신이 형벌을 받고 있다는 것을 알고 있고, 그도 자신의 운명을 어떻게 할 도리가 없으니, 자신의 역할에 눈이 멀어 목표를 포기하지 않고 진지하게 받아들인다. 그래서 정열적인 동 쥬앙은 자신의 운명을 실현하는데 온 정신을 쏟으며, 시지프스처럼 쉴새 없이 여자들을 소유하기 위해서가 아니라 버리기 위해서 유혹하는 것이다.

30 신의 형벌을 받은 탄탈로스가 눈앞의 음식을 먹으려하면 그것들이 멀어져가고, 목이 말라 물을 마시려하면 그 물이 달아나 고통을 받는 것을 두고 생겨난 표현으로, 원하는 것을 눈앞에 두고 얻지 못하는 인간이 받을 수 있는 최고의 안타까운 고통, 혹은 애 타는 괴로움을 가리킨다.

것이다. 동 쥬앙이 가능한 많은 그리고 새로운 여성들을 통해서 찾고자했던 이상적인 여성은 존재하지 않았으며, 어쩌면 그가 생각했던 것처럼 여자는 단지 여자일 뿐인지도 모른다. 이러한 사실은 오히려 동 쥬앙이 사랑할 수 있는 능력이 없는 존재임을 반증하는 것이다. 자신의 진정한 능력에 대해 맹목적인 야망을 가진 동 쥬앙은 이렇게 외친다: "사랑의 모든 기쁨은 모든 변화 속에 있는 것이야! (...) 아무도 나의 욕망의 확고함을 막을 수 없어. 나는 온 세상을 사랑할 수 있는 가슴을 느끼고 있어. 그리고 알렉산더 대왕처럼 다른 세계들이 있었으면 좋겠어. 그곳에도 사랑 정복의 영역을 넓힐 수 있게."(1막 2장)

동 쥬앙에게는 이 세상에 주어진 시간이 짧고, 주어진 공간이 좁을 따름이다. 그의 이러한 광대한 정복욕에도 불구하고, 사실 더 정확하게 들여다보자면, Guicharnaud의 표현대로, 그는 무한(infini)하지도, 유한(fini)하지도 않은 그러나 막연한(indéfini) 존재로서 자신의 욕구를 맹목적으로 추구하는 인물이다. 그러나 자신이 궁극적으로 벗어나고자 하게 될 대상을 지속적으로 유혹하는 동 쥬앙은 바로 이 시작하자마자 곧 끝내는 즉, 끝까지 가지 않는 반복성에서 그의 존재의 의미와 움직임을 느끼는 것이다. 그리고는 이 존재의 의미를 간격, 즉 시차를 두고 즐기는 것이다.

동 쥬앙에게 있어서, 선과 악은 존재하지 않고 오로지 기쁨만이 존재할 따름이다. 기쁨만이 유일하게 그를 잡아둘 수 있는 것이다. 그의 삶은 단지 순간들의 연속일 따름이고, 그는 이기적으로 그의 본능을 쫓기에 바쁘다. 그리고 그 본능이 추구하는 다양하지만 깊지 않은 기쁨은 자신의 능력을 시험하는 정복 속에 있는 것이다. 몰리에르의 사랑은 기독교적인 도덕과는 전혀 상관없는 인간적인 도덕, 즉 본능의 정당함에 그 바탕을 두고 있다. 사랑이 즐거움이나 쾌락 같은 긍정적인 감정들로만 완성되는 것이 아님에도 소모적인 가치들만 추구했던 동 쥬앙은 지옥에서 최후를 맞지만 다른 한편으로는 숭고하지도, 엄격하지도, 종교적이지도 않은 개인의 행복에 치중하는 실제적인 사랑을 옹호함으로써, 결점이 많아도 뚜렷한 개성을 지니고 있는 인물들이 사랑의 자연법칙을 따르게 했는데, 이 점은 같은 시기의 정숙한 사랑을 표방하는 문학 기류와는 분명히 획을 그은 것이다.

그런가하면 몰리에르, 꼬르네이유(Corneille)[31]와 함께 고전주의 시대의 3대작가라고 여겨지는 라신느(Racine)의 기도교적인 영감에서 우러났다는 <페드라>(*Phèdre*, 1677)가 있다. 이 작품의 주제는 대담하다: 근친상간, 간통, 거짓말, 욕망의 폭발... 금지된 사랑을 하게 되어, 격심한 위기 상태에 있는 정열을 그린 이 작품은 잔인하고 저항할 수 없는 숙명적인 것이 사랑이라는 것을 보여주고 있다:

31 꼬르네이유는 열정을 이성, 혹은 도덕성에 귀속시켜, 주인공들로 하여금 의지로써 열정을 부인하며 이겨내게끔 한다. 주요 작품으로는, <르 시드>(*Le Cid*, 1636-1637), <오라스>(*Horace*, 1640), <씬나>(*Cinna*, 1640), <뽈리외크트>(*Polyeucte*, 1643), <니코메드>(*Nicomède*, 1651) 등이 있다.

아테네의 왕, 떼제(Thésée)의 행방이 6개월 전부터 묘연해지면서 모두들 그가 죽었다고 믿고 있다. 그의 아내, 페드라는 남편의 전취 아들인 이뽈리뜨(Hippolyte)를 자신도 제어할 수 없을 정도로 사랑하여 고통 속에서 지내다가, 그녀의 하녀, 외논느(OEnone)의 격려로 용기를 내어 그에게 자신의 불타오르는 연정을 고백한다. 그러나 아리씨(Aricie)를 사랑하는 이뽈리뜨는 그녀의 고백에 냉담하게 반응할 뿐이다. 그런데, 이게 무슨 일인가? 죽은 줄로만 알고 있던 떼제가 살아서 돌아온 것이 아닌가? 수치심으로 어찌 할 바를 모르던 페드라를 구하기 위해서 하녀 외논느는 이뽈리뜨가 오히려 오래 전부터 왕비에 대해서 연정을 품어왔다고 고발한다. 이에 격노한 떼제는 아들에게 변명의 기회조차 주지 않은 채 그를 쫓아내고, 바다의 신인 넵튠(Neptune)의 노여움이 아들의 머리 위에 떨어지라는 저주를 한다. 페드라는 이뽈리뜨의 무고함을 밝히려다가 아리씨라는 연적[32]이 있다는 사실을 알고 그만 입을 닫아버린다. 떼제의 저주를 들어주기 위해 넵튠은 이뽈리뜨가 가는 길에 바다의 괴물을 보내 이뽈리뜨가 날뛰는 말들에 의해 끌려 다니다가 죽게 만든다. 그러자 스스로 죄를 벌하기 위해 독약을 마신 페드라는 그제야 자신의 죄를 고백하고 죽어버린다. 왕으로서, 아버지로서, 또 남편으로서 재판관 역할을 했던 떼제는 자신의 경솔한 행동을 뉘우치며, 아들의 마지막 소원을 들어주려고 아리씨를 수양딸로 삼는다.

– 사랑과 운명

이성이나 의지가 사랑의 격렬함 앞에서 무력하게 무너지는 것을 보여주는 라신느는 정열을 어떻게 이해했는가? 그는 사람의 마음속에 조용히 잠자고 있다가 일단 폭발하면, 가장 세련된 사람에게서조차도, 그 본래의 난폭성을 드러내게 하는 충동적이고 파괴적인 힘을 가리켜 정열이라고 하는 것이다. 그런 의미에서, <페드라>는 정열의 비극이다. 사랑은 조화와 기쁨의 약속이 아니라, 삼켜버리는 불이고, 으깨어버리는 힘이자, 목숨

32 페드라는 다음의 각 인물들과 격렬한 감정으로 연결되어 있다:

아리씨
↑
질투
|
이뽈리뜨 ← 사랑 — 페드라 — 뉘우침 → 떼제

을 앗아가는 병인 것이다. 그리하여 사랑은 페드라를 타락하게 하고, 그녀의 영혼과 육체를 파괴해 버린다.

그렇지만 이 사랑도 신의 저주[33]에 의한 것이니, 한낱 인간의 의지로는 어쩔 수가 없는 것이 아닌가! 이처럼 운명적인 사랑을 할 수밖에 없는 페드라가 이 정열을 이기지 못해 그녀의 하녀 외논느에게 자신의 고통을 고백하는 장면은 이졸드가 운명적인 실수를 한 그녀의 하녀 브랑지엥에게 이길 수 없는 운명을 고백하는 장면과 유사하다. 이 작품은 아직까지도 자주적인 의지의 움직임보다는 신들의 징벌에 의해 동기부여가 되고 있는 것이다. 그러나 작가 라신느는 비록 이길 수 없는 운명이라 할지라도, 인간이 저지른 최소한의 잘못도 가혹한 벌을 받게 한다. 더 나아가 잘못을 저지른다는 생각만으로도 이미 저질러진 잘못과 같이 여기는 것이다. 그리하여 죽음은 저지른 죄에 대한 당연한 대가로 받는 형벌일 뿐인 것이다. 그러나 그의 <서문>(*Préface*)에 씌어진 바와 같이, 페드라는 전적으로 무죄도 아니고, 전적으로 유죄도 아니다. 파스칼(Pascal)의 표현을 빌리자면, 페드라는 ≪천사도 짐승도 아닌≫ 인간의 상징적인 이미지인 것이다.

3. 18세기

18세기는 계몽주의 시대로써, 전통적인 모든 규율을 거부하고, 반(反)기독교적, 반 군주제적, 세계주의적이며, 정치, 사회적인 문제를 내세우는 대신 심리를 버리고, 예술을 거부한다. 그 결과 문학이 약화되고, 철학이 그 꽃을 피우게 된다. 또한 장-자크 루쏘(Jean-Jacques Rousseau)가 등장

33 이뽈리뜨는 젊은 사냥꾼으로서, 아르테미스를 숭배하지만 아프로디테를 경멸하다가, 화를 입게 된다. 즉, 사랑의 여신인 아프로디테가 페드라로 하여금 이뽈리뜨에게 격렬한 열정을 느끼게 하면서 복수를 하는 것이다. 그리하여 페드라와 이뽈리뜨는 알고 보면 아프로디테와 아르테미스가 벌이는 전쟁의 희생자라는 것이다.

하기 이전의 18세기에는 존재를 지성과 성으로 구분하였고, 사랑의 신인 Eros도 더 이상 감당할 수 없는 운명이 아니라 변덕스럽고 가벼운 아이의 모습으로 나타난다. 그런 점에서 18세기는 트리스탄과 이졸드의 신화로부터 벗어난 듯하다. 그리고 당시의 여자들은 가슴으로 사랑하지 않고 머리로 사랑을 하여, 여성 동 쥬앙니즘(don-juanisme féminin)을 낳았다고 한다. 그리하여 이 시기에 최초로 남성 편력을 보여주는 여 주인공들이 대거 등장하기 시작한다.

그리고 가슴으로 느끼는 감정을 믿기보다는 머리로 하는 사랑을 믿는 인물들이 대두되는 18세기에는 특히 기계적인 규칙만을 지키려들고 사교계의 예절에만 신경을 쓰는 비극은 급속히 쇠퇴하여 인공적인 장르가 되어버리고, 그 독보적인 자리를 사랑을 섬세하게 분석하는 마리보(Marivaux)의 희극이 차지하게 된 것이다. 마리보는 사람들의 감정의 존재, 그 확고함에 대한 일반화된 불신으로 우리를 걱정스럽게 만든다. 그가 다루는 사랑은 신비스럽지도, 열정적이지도, 공상적이지도 않다. 다만, 사랑이 자연스러운 감정, 진실한 감정의 모습으로 환상의 테두리 안에 자리를 잡고 승리를 거두는 것이다.

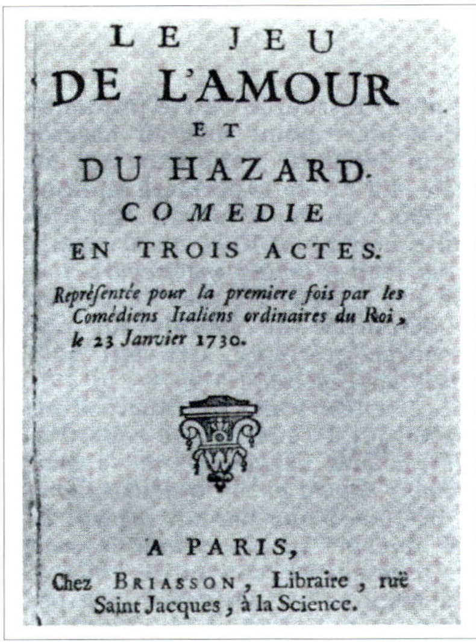

LE JEU
DE L'AMOUR
ET
DU HAZARD.
COMEDIE
EN TROIS ACTES.
Représentée pour la premiere fois par les Comédiens Italiens ordinaires du Roi, le 23 Janvier 1730.

A PARIS,
Chez BRIASSON, Libraire, ruë Saint Jacques, à la Science.

그리고 그 과정에서 거짓이 없으면 중심인물들이 존재할 이유가 없다고 생각하는 마리보의 주인공들은 그들이 생각하고 있는 바를 숨기고, 그들이 생각하고 있지 않은 사실을 말하면서 진실에 도달하기 위해서 모순되게도 거짓을 수단으로 한다. 이처럼 거짓을 고발하는 거짓(주로 허구로 만들어낸 존재)은 전략의 이중적인 칼날로 작용하면서, 사람 마음의 깊은 진실을 시험하고자 하는 것이다. 결국, 마리보의 모든 연극은 파놓은 함정 이야기로써, 마지막 장면에서 인물들이 관중보다 뒤늦게 그들 자신을 발견하면서 인물들의 순진함이 관중의 미소를 자아내는 것이다. 그러면, 그의 대표적인 작품, <사랑과 우연의 장난>(*Le Jeu de l'Amour et du hasard* 730)을 보자:

> 실비아(Silvia)는 아버지가 자신을 도랑트(Dorante)라는 사람과 혼인시키려 한다는 사실을 알고, 꾀를 내어 하녀인 리제트(Lisette)를 자신으로 변장시키고, 자신은 하녀로 가장하여 구혼자를 살펴보기로 작정한다. 아버지는 이에 흔쾌히 동의하는데, 그도 그럴 것이 도랑트의 아버지로부터 도랑트도 같은 생각을 가지고 하인인 아를르깽(Arlequin)과 신분을 바꿔치기 했다는 전갈을 이미 받았기 때문이다. 실비아와 도랑트는 서로 사랑에 빠지지만, 제각기 서로의 신분에 어울리지 않는 사랑에 부끄러워하며 고민한다. 하인들은 하인들대로 서로에게 반하지만, 이들 역시 희망이 없는 사랑에 절망한다. 줄거리가 진전됨에 따라, 차례로 네 사람의 정체가 밝혀지지만, 마지막까지 속고 있던 도랑트는 실비아를 사랑한 나머지 재산과 신분, 모든 것을 버릴 생각을 하고, 실비아에게 사랑 고백을 하며 구혼을 한다. 그제서야 실비아는 자신의 진짜 신분을 밝히고, 극이 happy-end로 끝나는 것이다.
>
> **– 사랑과 장난**

사랑과 자존심 사이의 구분이 어디인지 알 수 없는 이 작품에서, 주인공들이 본연의 얼굴을 보이고 마음을 여는 것은 작품이 끝날 때에만 가능하다. 그리하여 마리보식 문체, 즉 수다스러운 마리보다쥐(marivaudage)[34]는 누구나 다 아는 것처럼 포획의 기쁨보다 훨씬 우위에 있는 사냥의 기쁨을 지속시키기 위해 존재하는 것이다. 그리고 이미 제목이 시사하는 바와 같이, 사랑은 운명이라는 무거운 무게를 벗어 던지고, 눈물 없는 사랑이 되어 장난이라는 유희의 수준으로 다루어지면서, 그 주제가 많이 가벼워졌다. 그리고 사랑의 전문가인 마리보는 아예 사랑이라는 주제를 따로 떼어내어 그 주제만을 다루었고, 인물들의 사랑 탐구 과정들을 희극적으로 그려내었다. 그의 인물들은 처음 만날 때부터 사랑을 느끼지만, 상대방의

34 그의 이름에 결부된 marivaudage(부자연스럽게 꾸민 말투)라는 말은 사랑이 싹트고, 사랑으로 깜짝 놀라는 일을 다루는 작품들이 이 marivadage라는 용어의 기원이다. 그런가하면, Michel Deguy는 그의 *La machine matrimoniale ou marivaux*에서, marivaudage = mariage(결혼) + rivaux(라이벌들)이라고 풀어 해석하면서, 마리보의 남녀주인공들이 처음에는 라이벌처럼 행동하지만, 이들이 결합하게 됨으로써 극이 행복한 결말로 끝나게 되는 것이다.

감정에 대한 확신을 갖고자, 서로 살펴보고, 뜰어보고, 함정도 파보는 것이다. 그래서 주인공들이 사랑, 감동, 육체적인 사랑을 인정하고 받아들이는데 까지는 작품의 전 소요시간이 필요하다. 몸이 마음보다 앞서고, 몸은 마음이 거부하는 현실을 체질적으로 자각하고 있지만, 사랑한다는 것은 두려운 일이기 때문에, 자신을 보호하기 위해서 가면을 써야한다는 것이다. 그러나 가면은 사실 인물들이 겪는 내적인 고통의 눈에 띄는 흔적인 것이다. 이처럼 마리보는 사랑은 한 쪽에서 일방적으로 하고, 일방적으로 받는 것이 아니라, 항상 상호적이어야 한다는 것을 보여준다. 그리하여 어차피 서로의 사랑을 확인하게 되겠지만, 바로 ≪어떻게≫가 그 관건이다. 결국, 사랑은 온갖 우여곡절을 거친 후에야, 그러나 끊임없는 진전을 계속하면서 어렵게 도달하는 유희 즉 연극인 것이다.

Portrait de Beaumarchais
dessiné par Cochin, gravé par Saint-Aubin

18세기의 희극 중에서 또 다른 사랑의 승리를 구가하는 작품을 그리는 작가는 바로 보마르쉐(Beaumarchais)이다. 그의 희극, <세빌리아의 이발

사> (*Le Barbier de Séville*, 1775), <피가로의 결혼> (*Mariage de Figaro*, 1784)은 기존의 작품들에 비하여 훨씬 대담하고 자유로운 형식을 빌어, 귀족들의 사랑과 함께 평민들의 사랑을 기발하고 재치 있게 처리한 점이 독특하다. <피가로의 결혼>의 내용을 살펴보자:

> 알마비바(Almaviva) 백작의 하인 피가로는 백작부인의 시녀인 아름다운 수잔느(Suzanne)와 결혼하려 하고 있다. 그런데, 두 가지가 그의 행복한 결혼에 장애가 되고 있다. 바람둥이 백작이 쉬잔느를 노리고 있는 것이 첫째요, 나이들은 하녀 마르슬린느(Marceline)이 피가로를 노리고 있는 것이 두 번째 장애이다. 피가로는 이전에 마르슬린느에게 돈을 빌리면서 결혼 약속을 서면으로 했기 때문에, 돈을 갚든지 아니면 결혼을 해야 할 판인 것이다. 이때 백작은 하인들 분쟁의 재판관으로서 마르슬린느의 손을 들어주는 것이 아닌가? 그러나, 정의는 항상 사랑하는 자들의 편이 아니던가! 마르슬린느는 피가로가 옛날에 도둑맞았던 자기의 아들이라는 사실을 갑자기 알게 되는 한편, 백작부인이 쉬잔느로부터 딱한 사정을 듣고 피가로를 해방시키는데 필요한 돈을 준 것이다. 이제 백작의 흉계를 폭로하는 일만 남아있다. 백작부인의 요청으로, 쉬잔느는 백작과 커다란 마로니에 나무 밑에서 만나기로 약속을 한다. 쉬잔느로 변장한 백작부인이 그 자리로 나가고, 바람둥이 남편의 탈이 벗어진다. 그럼에도 불구하고 백작부인은 남편을 용서하고, 피가로의 결혼은 즐겁게 진행된다.
>
> **– 사랑과 지략**

<피가로의 결혼>은 한편으로는 백작, 다른 한편으로는 하인에게 극의 원동력 역할을 균형 있게 배분했으며, 약자인 하인과 여성의 입장에 서서 이들을 대변하는 자유주의적이면서 또한 여성주의적인 작품이다. 그 결과, <세빌리아의 이발사> 에서 백작의 구애작전 시중을 들던 피가로는 이제 당당히 사랑의 주체로서 백작에 대항하여 자신의 사랑을 지켜가야 하는 것이다. 이는 작가, 보마르쉐를 대신하는 피가로가 전제주의에 대한 자유와 평화, 그리고 사랑을 대변하고, 사랑의 주인공들을 왕족이나 귀족에서 평민으로까지 확산시키며 기존 문학에서 다루던 사랑의 주인공들에 중요한 획을 그은 인물로 대두하는 것이기도 하다. 그리하여 보마르쉐와 함

께 적어도 사랑 앞에서는 모두가 평등한 세기로 들어서는 것이다.

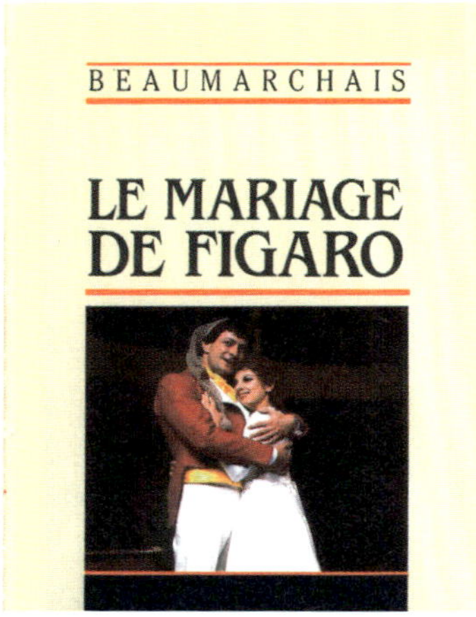

18세기에는 또 다른 사랑이야기가 있다. 애정소설이 일반적으로 절대적인 열정을 그려내려 한다면, 그 열정의 힘과 감성의 열광 속에서 그 위엄을 찾은 작품이 아베 프레보(abbé Prévost)의 <마농 레스꼬>(*Manon Lescault*, 1731)이다:

젊은 기사 데 그리으(Des Grieux)는 불길할 정도로 매혹적인 마농에 반해, 그녀와 결혼하기 위해서 그녀를 파리로 데리고 온다. 마농도 그를 사랑하지만, 그보다는 사실 사치를 더 사랑한다. 그녀는 어느 징세 청부인의 약속에 홀려, 이 징세관이 데 그리의 아버지에게 아들의 계획을 밀고하게 둔다. 그는 배신한 마농을 잊기로 맹세하고, 신학교에 들어가 신부가 되지만, 마농의 매력에 다시 현혹되어 그녀와 함께 속세로 돌아온다. 그런데 마농은 오직 유흥과 오락을 위해서 돈 쓰는 것밖에 모른다. 게다가 난폭하고 파렴치한 마농의 오빠는 데 그리으에게 노름과 속임수 쓰는 방법을 가르쳐주나, 서투른 그는 노름을 하고, 속임수를 쓰다가 들켜 마농과 함께 감옥에 갇히는 신세가 된다. 그러나 그들은 탈옥하여, 수

단과 방법을 가리지 않고 살아가나, 그 때문에 또 다시 체포된다. 이번에는 그의 아버지가 당시 부랑배들을 이주시키고 있던 루이지아나로 마농을 보내게 한다. 그녀를 구하려고 노력하지만 실패한 데 그리으는 결국 그녀와 함께 미국으로 건너가게 된다. 그들은 신대륙에서 행복하게 살수도 있었다. 그러나 마농은 총독의 아들을 유혹하고, 이에 격분한 데 그리으는 그에게 깊은 상처를 입혀 그가 죽은 줄 알고, 마농과 함께 사막으로 달아난다. 마농은 그곳에서 추위와 피곤을 이기지 못하고 죽음을 맞는다. 그 역시 그녀의 무덤 위에서 죽을 뻔하던 참에, 그들을 찾으러 온 사람들에 의해 목숨을 건지고, 그 후 처량한 나날을 보내게 된다는 이야기이다.

– 사랑과 허영

이 작품만큼 주인공들을 높은 곳으로 끌어올리기는커녕 그 거역할 수 없는 힘에 의해서 그들의 영혼과 삶을 타락시킨 정열의 숙명적인 성격을 잘 묘사한 작품도 없을 것이다. 남자 주인공, 데 그리으는 비록 사람을 죽

이고, 훔치고, 아버지의 명예를 더럽히게 되지만, "사랑은 이 세상에 물들지 않은 깨끗한 열정"이라고 주장하며; 여자 주인공, 마농 레스꼬는 선과 악을 구별할 줄 모르고, 단지 그녀의 유일한 욕구만을 충족시키려고 한다. 그 욕구는 애인들 곁에서 쾌락을 추구하는 것도 아니고, 오로지 돈이 부족할까 싶어 두려워하는 것이다. 그녀는 "먹을 빵이 없는데, 다정해 질 수 있다고 생각하니?"라고 묻는다. 그래서 그녀는 데 그리으를 끊임없이 사랑함에도 불구하고, 자신의 몸을 파는 것이다. 훗날 메리메(Mérimée)의 <까르멘>(*Carmen*)을 연상시키는 <마농 레스꼬>는 정열이 자신을 망치고 있다는 것을 인식하면서도 저항하지 못하는 한 남자와 가난을 참을 수 없어하며 교태를 사랑으로 알고 사는 한 여인의 이야기인 것이다.

뿐만 아니라 알렉쌍드르 듀마 피스(Alexandre Dumas fils)는 1848년에 마농 레스꼬라는 여인을 모델 삼아 동백꽃 아가씨(*La Dame aux camélias*), 일명 <춘희>로 다시 탄생시킬 것이다. 다만 그 시대에 맞는 인물이다 보니, 당시에 많은 희생자를 내었던 폐결핵에 토대를 두어, 병으로 인한 창백함이 오히려 주인공 마르그리뜨(Marguerite)의 매력을 강화하고, 마농과는 달리 마르그리뜨는 희생만을 꿈꾸다가 다른 모든 위대한 여주인공들과 마찬가지로 사랑으로 부당하게 죽게 될 것이다. 이 작품은 베르디(Verdi)의 오페라, <라 트라비아타>(*La Traviata*)로 되살아나 하나의 신화가 되며, 그 후에 많은 이들이 영화화했으며, 1970년이 되면 Erich Segal의 영화 *Love Story*가 그 배턴을 이어 받게 된다: 부잣집 남학생이 부모의 반대를 무릅쓰고 가난한 Jenny와 결혼하여 행복하게 살 수 있었으나, 백혈병이 그녀를 저 세상으로 보내던 내용이 아니던가?

로돌프: 내가 당신을 보았을 때... 하도 아름다워서,
천상에서 내려온 줄 알았습니다. (I막 3장)

비올레따: 당신의 뜻대로 하겠습니다...
당신을 위해서 내가 그를 포기하니, 신께서 당신을 용서하시기를...
(II막 4장)

조르쥬 도르벨: 너는 너의 마음으로부터 프로방스의 맑은 하늘에 대한 좋은 추억을 몰아냈니? (II막 7장)

비올레따: 이전에 나의 다정하고 신선한 이미지였던 이 초상화를 가져요. 이 마지막 사랑의 증표는 당신 것 이예요. (IV막 8장)

18세기의 가장 위험하고 사악한 성격의 사랑을 대표하는 작품은 <위험한 관계>(*Les Liaisons dangereuses,* 1782)이다. 영국의 리챠드슨(Richardson)이나 프랑스의 크레비용(Crébillon)에 의해서 유명해진 방탕한 소설(roman libertin)의 전통과 서간문학의 전통을 이어받아 라끌로(Laclos)는 프랑스 혁명이 일어나기 7년 전에 <위험한 관계>를 출간한다:

정복하고 배신하는 것이 자신들의 운명이라고 믿고, 방종한 생활을 일삼는 메르뙤이유(Merteuil) 부인과 발몽(Valmont) 후작은 세 가지 작업에 착수한다. 첫째, 메르뙤이유 부인의 옛 애인과 결혼해야 하는 순진한 쎄씰 볼랑즈(Cécile Volanges)를 유혹하는 일이고, 둘째, 정숙하기로 유명한 뚜르벨(Tourvel) 부인을 정복하는 일이며, 셋째는 그 대가로 메르뙤이유 부인이 발몽과 다시 관계를 맺게 된다는 것이다. 치밀한 전략에 의해 앞의 두 가지 작업은 성공을 거두나, 메르뙤이유 부인은 발몽이 유혹의 대가라는 명성에 걸맞지 않게 뚜르벨 부인을 진정으로 사랑한다는 이유로 약속을 이행하려하지 않는다. 유혹의 전문가인 발몽에게 있어서 사랑에 빠진다는 것은 진정한 수치를 의미하기 때문에, 메르뙤유 부인에게 자신이 사랑하지 않는다는 것을 증명해 보이기 위하여, 뚜르벨 부인과 잔인한 방법으로 결별하니, 그에게 정조를 내어준 뚜르벨 부인은 슬픔과 충격 그리고 수치심으로 고통 받다가 죽어간다. 발몽도 자신이 꾀어낸 쎄씰을 사랑하는 당스니(Danceny)와의 결투에서 죽음을 당하고, 쎄씰은 수녀원으로 들어가고, 메르뙤이유 부인은 파산과 더불어 성병으로 한쪽 눈을 실명하고 온몸이 심하게 상해, 그녀의 영혼처럼 흉측하게 되어 겨우 살아남는다.

– 사랑과 전략, 그리고 죄악

차가운 이성과 감성을 대치시키는 이 작품은 유혹의 대가가 사랑에 빠지면서, 유혹의 궁극적인 목적에서 벗어나 유혹에는 실패하지만, 새로운 가치인 사랑에 성공한 것이라는 것을 인정하는 것이 창피하여, 결국 주위의 모든 이들이 모두 함께 추락하고 마는 이야기이다. 진정으로 허영심은 행복의 적인 것이다. 속임수의 외양과 정복이라는 허상에 도전하는 메르뙤이유 부인과 발몽은 그들의 명석한 지성을 순진한 영혼들을 정복하고, 고통 받게 하며, 더 나아가 타락하게 하고 결국은 명예를 더럽히며 농락하는 것에 써 버림으로써, 정신적인 황폐함을 사랑의 정복, 복수, 열정으로 착각한 것이다. 그들은 그들로 인하여 고통 받는 사람들을 보면서 그들의 힘을 느낀다. 그 힘은 말을 통해서 얻는데, 그들은 말이 유연하고 정확한 무기라고 인식하여, 그 무기의 힘과 위험을 잘 알고 쓰는 것이다. 그러나 발몽은 마침내 "사랑에 의해서만 행복할 수 있다"고 고백하는데, 주인공을 통하여 작가는 이러한 진실을 거꾸로 보여줌으로써 증명한 것이다. 악한 자들의 속임수보다 우월한 진실한 감정이 우월하다는 것을 증명한 이 작품은 결국 빛의 세기에 철학의 실패를 보여주는 것이기도 하다. <위험한 관계>에다가 음란성과 폭력성을 덧붙이게 되면 – 그 유명한 sadiste와 sadisme이라는 단어를 유래하게 하는 – 당시의 싸드(Sade, 1740-1814)[35]의 작품들이 되는 것이다.

4. 19세기

19세기는 프랑스 대혁명의 영향으로 귀족들의 살롱을 폐쇄하고 소수 엘리트들의 전유물이었던 고전 연구를 중단시킴으로써 독자 수가 현저히 증가하게 되어 새로운 독자층이 형성되고, 그로 인해서 문학적인 소재도 확대된 시기이다. 낭만주의(1800-1820), 이에 대한 반동으로 일어난 사실주의(1850-1880), 더 나아가 과학의 무감동을 가장한 자연주의, 그리고 자연주의의 잔인성과 저속함에 대한 또 하나의 반동으로 일어난 상징주의(1880-1900)로 이어지는 19세기는 무엇보다도 낭만주의 시대로 대표된다고 볼 수 있다. 왜냐하면 낭만주의는 그 방대한 불확정성 속에 낭만주의를 타파하거나 대신하려고 하는 유파(流派)들의 모든 요소를 내포하고 있어, 모든 유파들이 낭만주의의 은혜를 입고 있었기 때문이다. 낭만주의는 본질적으로 서정적인 문학, 즉 ≪나≫라는 존재가 절대적인 가치가 되는 개인주의의 전형적인 운동으로써, 개인적인 기질을 감수성과 상상력을 동원하여 표현하는 문학이라고 할 수 있다. 프랑스의 루소(Rousseau)와 샤또브리앙(Chateaubriand), 영국의 바이런(Byron), 월터 스코트(Walter Scott), 코울리지(Coleridge)와 워즈워드(Wordsworth)로 대표되는 자연을 사랑하고 묘사하는 호반파(湖畔派), 실러(Schiller), 괴테(Goethe), 독일 문학을

35 그의 저서로는 <소돔의 120일>(*Les Cent Vingt Journées de Sodome*, 1785), <규방의 철학>(*La philisophie dans le boudoir*, 1795), <쥬스띤느 혹은 미덕의 불행>(*Justine ou les Malheurs de la vertu*, 1797), <사랑의 죄악>(*Les Crimes de l'amour*, 1800) 등이 있다.

프랑스의 영향에서 해방하고 중세기의 기사도 전통을 부활시키는데 힘을 기울인 독일 낭만파가 서로 영향을 미치면서 낭만주의를 일구어나간 것이다. 낭만주의 작가들과 작품들에게 있어서, 사랑이라는 테마는 그 중요한 축을 이루기 때문에, 수 없이 열거할 수 있겠지만, 그 중에서도 가장 전형적인 작품들만 살펴보도록 하겠다.

우선, 빅토르 위고(Victor Hugo)의 <에르나니>(*Hernani*, 1830)를 보자:

1519년의 스페인. 도냐 쏠(doña Sol)은 실바의 노인, 돈 루이스 고메스 공작(duc don Ruy Gomez)의 조카딸이자—본의 아니게도—그의 약혼녀가 되어 있었는데, 추방된 청년 에르나니를 남몰래 사랑한다. 그러나 그 여자는 스페인의 왕, 돈 까를로스(don Carlos)의 사랑도 받고 있다. 왕은 산적 에르나니를 잡아 없애려고 결심하고 그를 산 속에서 추격하니, 에르나니는 돈 루이 고메스의 성안으로 피신하여 도냐 쏠과 재회하게 된다. 늙은 공작은 이 두 사람이 사랑을 주고받는 것을 목격하나, 에르나니를 왕에게 넘기기를 거절한다. 그러자 왕은 도냐 쏠을 볼모로 데려가니, 공작은 이를 그냥 애끊는 심정으로 바라만 본다. 에르나니는 숨어 있던 곳에서 나와, 왕 역시 도냐 쏠을 사랑하고 있다는 사실을 공작에게 알려준다. 그리고 에르나니가 공작의 명령에 따르는 조건으로, 두 사람은 도냐 쏠을 해방시키는 날까지 협력하기로 한다. 그 날이 와서, 공작이 에르나니를 제거해야 한다고 생각하면, 에르나니가 허리띠에서 풀어 준 뿔피리를 불기만 하면 된다. 그렇게 되면 모든 것이 끝날 것이라는 것이다. 그리하여 그들은 음모를 꾸미나 실패로 돌아가, 목숨이 위태로운 지경이지만, 왕은 오히려 관대하게 도냐 쏠을 에르나니에게 주고, 에르나니는 장 다라공(Jean d'Aragon)이라는 옛 이름을 되찾게 된다. 결혼식을 막 치르고 나자, 숙명적인 뿔피리가 울리고, 공작이 독약을 가지고 나타난다. 두 연인은 그에게 살려달라고 애원하지만 허사이다. 그러자 도냐 쏠은 독약의 절반을 마시고 나머지를 에르나니에게 건네주어 그도 독약을 마신다. 공작은 도냐 쏠을 잃은 데 절망하여, 그들의 시체 위에서 단도로 자살한다.

이 작품에서는 사랑의 세 가지 얼굴이 그려진다. 동 쥬앙을 연상시키는 돈 까를로스가 돈냐 쏠을 가지려는 것은 단지 자유분방한 왕의 유흥에 불과한 것이고; 돈 루이의 사랑은 파우스트적이어서, 늙은 공작은 젊은 돈냐 쏠을 통해서 영원한 젊음을 꿈꾸지만, 질투로 인해서 끔찍한 복수를 하고 만다; 왕과 영주사이의 싸움에 휘말린 에르나니와 돈냐 쏠의 열정은 파괴적이어서, 트리스탄과 이졸드의 신화를 연상시킨다. 그러나 사랑의 묘약은 두 주인공들을 마지막으로 결합시키는 독약으로 대체된다. 이와 같이 여기저기 얽혀있는 사랑의 갈등 구조 속에서 그 해답을 죽음에서밖에 찾을 수 없는 비통하고도 숙명적인 사랑을 하는 두 연인들은 셰익스피어(Shakespeare)의 로미오와 줄리엣을 연상시킨다. 죽음은 기존의 사회 규범에 대한 가장 강력한 반발이고, 탈출구 없는 사랑을 마감하고 영원한 자유를 얻기 위한 절망의 행위이며, 또한 사랑에 대한 믿음과 신념의 행위이다. 목숨을 대가로 사랑할 권리를 얻는다는 측면에서 보면, 죽음은 어쩌면 사랑의 승리라고 할 수 있다. 삶에서처럼 희극과 비극을 섞는 것을 좋아하는 낭만주의의 극(drame)은 결혼으로 결실을 맺으려는 두 연인에게 당치도 않은 죽음을 맞게 함으로써, 사실성은 떨어지지만 서정적인 감동을 자아내려하는 제약 없는 작가의 상상력의 세계를 보여준다.

그런가하면, 조르쥬 쌍드(George Sand)의 애인중의 한 명이던 뮈쎄(Musset)는 열정의 낭만주의자로서 <마리안느의 변덕> (*Les Caprices de Marianne*, 1833)과 <사랑을 가지고 장난마소>(*On ne badine pas avec l'amour*, 1834)를 쓴 극작가이다. 그의 작품들은 열정의 격함, 대사의 잔일할 정도의 명철함, 그리고 극 상황의 강렬함을 특징으로 하고 있는데, 그 와중에 사랑이라는 감정이 처음에는 가벼운 장난처럼 여겨지다가, 아무런 의미 없던 장난이 주인공들의 운명을 심각하게 뒤바뀌어 놓는 도화선이 된다는 것이다.

꾈리오(Coelio)는 마리안느(Marianne)를 사랑하지만, 감히 그 감정을 고백하지 못해 그의 친구인 옥타브(Octave)에게 자신의 감정을 전달해 달라고 부탁한다. 그러나 마리안느는 꾈리오의 감정 따위에는 관심도 없고, 오로지 옥타브에게만 관심을 보인다. 이에 배신감을 느끼고 충족되지 않는 사랑에 절망한 꾈리오는 죽게 되고, 마리안느는 옥타브에게 사랑을 고백하나, 옥타브는 그녀를 사랑하지 않는다고 선언해 버리면서 그녀의 인식을 일깨워주는 역할과 환상을 고발하는 역할을 한다. 진정한 욕망의 실체를 밝히고, 현실을 회복시키지만, 결국 사랑을 거부하고 다른 사람을 사랑하는 변덕스러운 여인으로 인하여 한 젊은이의 목숨만 헛되이 희생되고 만 것이다.

<사랑을 가지고 장난마소>라는 작품에서는 까미유(Camille)를 질투하게 만들려고, 뻬르디깡(Perdican)은 하녀인 로제뜨(Rosette)에게 사랑하는 척하면서 가면을 쓴다. 이렇게 해서 그는 연기 속에 연기를 도입하는데, 까미유가 한동안 속고 있는 동안에, 관중은 뻬르디깡의 이중성을 환히 보고 있는 것이다. 어찌되었던 오해, 장난, 가장으로 까미유가 반응을 보이며, 서로 솔직하게 사랑을 고백하게 되자 이를 목격한 로제뜨가 사랑노름의 도구에 불과했던 자신의 보잘것없는 처지를 직시하게 되면서 급기야는 자살을 결심한다. 뻬르디깡과 까미유가 그들의 사랑을 인식하게 되는 순간에 로제뜨의 죽음이 그들을 갈라놓게 된 것이다. 하녀가 자살하자 자신의 경솔함을 뉘우치는 까미유는 뻬르디깡을 떠나버리고, 그는 홀로 남게 된다는 이야기이다. 변덕 혹은 장난과 사랑! 그로 인한 마음의 상처! 이것이 뮈쎄가 그려내는 사랑이다. 그에게 있어, 그냥 "사랑해요!"라고 말하는 것은 너무나도 단순했던 것이다.

빅토르 위고와 더불어 19세기의 가장 중요한 작가가 발작(Balzac)이다. 감정교육 소설의 특징을 가지고 있는 그의 <계곡 속의 백합>(*Le Lys dans la vallée*, 1835)은 낭만주의의 <끌레브 공작부인>이라 할 수 있다. 이미 결혼하여 남편과 아이들에게 몸과 마음을 바쳐 충실하게 남으려는 한 여인의 짧은 삶 속에서의 사랑과 삶을 배워나가는 한 남자의 긴 고백이다.

펠릭스(Félix)는 나딸리(Natalie)에게 자신의 과거를 고백하기로 한다. 13년 전 그는 뚜르(Tours)에서 열리는 한 무도회에서 그의 정신을 혼미하게 만들 정도로 아름다운 앙리에뜨 드 모르쏘프(Henriette de Mortsauf)[36]를 만나게 되었고, 그 이후 그녀를 엥드르(Indre) 강이 흐르는 한 계곡에서 다시 만나, 그들의 관계를 순수한 우정으로 맺었다는 것이다. 파리(Paris)로 돌아온 펠릭스는 루이 18세의 인정을 받아 참사원의 중요한 직책을 맡게 되었고, 3년이 지나 뚜르 지방으로 되돌아왔을 때에는 앙리에뜨를 향한 그의 사랑이 더욱 강렬해졌다는 것이다. 다시 파리로 오게 된 펠릭스는 아라벨 더들리(Arabelle Dudly)라는 돈 많고 아름다운 영국 여인을 만나 그녀의 유혹에 넘어가게 되었고, 그들의 관계를 알게 된 앙리에뜨는 괴로워하다가 병이 나버린다. 그녀가 죽어간다는 소식을 접하게 된 펠릭스는 그녀에게 달려왔지만, 내적인 심적 고통을 심하게 겪던 앙리에뜨는 정숙한 아내인 채로 남기를 원하며 죽어버렸다는 것이다. 그의 과거를 들은 나딸리는 두 명의 예외적인 여인들에 대한 기억과 겨룰 수가 없기 때문에, 처음부터 실패할 수밖에 없는 관계를 맺을 수 없다며 그를 거절한다.

사랑과 의무

36 그녀의 남편의 성인 Mortsauf는 프랑스어로 Mort는 죽음, sauf는 제외하고 라는 뜻이니, 그는 죽지 않는 인물인 동시에 그의 불행을 양식 삼아 살아가는 사람으로서 그는 삶과 죽음으로 그의 부인과 대조를 이룬다.

사랑의 모습을 한 정열이 주인공들의 행위를 이끌어 가는 원동력이지만, 그러한 열정도 갈등하는 계곡 속의 백합, 즉 앙리에뜨의 가정적인 의무감을 극복하기에는 역부족이었다. 그녀는 그녀와 그녀의 욕망사이에 남편과 두 아이들을 스크린처럼 치고 욕망에 저항했던 것이다. 낭만주의에서 사실주의로 넘어가는 작가, 발작(Balzac)은 인간 감정의 신비를 세상의 두 가지 면인 빛(열정)과 그림자(이성), 표면적인 것과 심오한 것을 통해 보여주고자 했던 것이다.

마리보(Marivaux) 이후, "인간 마음의 관찰자"로 자부하는 또 하나의 대표적인 작가, 스탕달(Stendhal)은 "행복 사냥"에 열의를 보이면서, 개인주의적인 성향을 강하게 보여준 작가이다. 그의 <파르마의 수도원>(*La Chartreuse de Parme*, 1839)이라는 작품은 "To the happy few"(행복한 소수의 사람들에게)라는 의미심장한 헌사(獻辭)로 끝이 나는데, 이 말은 소수만이 도덕적인 모든 고정관념에서 벗어나, 지성과 열정의 자유스러운 유희에만 존재하는 진정한 행복을 이해할 수 있으며, 이들에게 자신의 글을 바친다는 것이다. 이러한 그의 자기성찰과 분석을 중히 여기는 에고티즘(égotisme), 다시 말해서 항상 예외적인 개인에게 부여하는 우선권은 독자로 하여금 각자 관습의 껍데기와 갇혀있는 위선에서 해방되어, 진정함, 에너지, 행복의 열망, "인간으로서의 진정한 나"를 배우라는 것이다. 위선을 증오하는 스탕달은 당연히 행위와 의지를 찬양하며, 그 원동력인 사랑-열정을 자유와 행복의 상징인 적(赤)이라 했고, 아버지, 전제군주제, 사제들, 부르주아들을 "진흙탕"인 흑(黑)이라 했다. 그의 <적과 흑>(*Le Rouge et le Noir*, 1830)의 줄거리를 보면:

> 목수의 아들, 쥴리앙 쏘렐(Julien Sorel)은 야심에 찬 젊은이로 성직, 즉 "흑"에 몸을 담는다. 나폴레옹 시대라면, 군대, 즉 "적"을 선택했을 것이나, 왕정복고시대였기 때문에 하층계급의 청년이 출세할 수 있는 길은 오로지 성직자가 되는 길뿐이었다. 그는 베리에르(Verrières)의 시장, 레날(Rénal) 씨의 아이들을 가르치는 가정교사가 되고, 레날 부인의 사랑을 얻는 데 성공한다. 그러나 그는 하인

의 밀고로 해고되어, 잠시 동안 신학교로 다시 돌아가야 했으나, 곧 드 라 몰 후작(marquis de la Môle)의 비서가 되어 그의 두터운 신임을 받는다. 그는 또 다시 후작의 딸 마띨드(Mathilde)를 유혹하여 그녀와 결혼하려고 시도하며, 귀족의 칭호와 장교의 사령을 받는다. 그러나 레날 부인이 쓴 밀고 편지로 그의 탈이 벗겨지자, 미칠 듯이 화가 난 쥘리앙은 성당에서 레날 부인을 기다리고 있다가 그녀에게 권총 두 발을 쏜다. 이내 붙잡힌 그는 유죄 선고를 받고 사형에 처해지지만, 그의 정열적인 영혼은 한순간도 약해지지 않는다. 그의 죽음에 절망한 레날 부인도 죽고, 마틸드 드 라 몰은 쥘리앙의 잘린 목을 훔쳐다가 호화롭게 매장한다.

– 사랑과 도덕

"19세기에는 여자들을 이용해서 신분상승을 꾀하려는 풍속이 상당히 만연해 있었던 것이 사실"[37]이다. 돈을 얻기 위해서는 돈 많은 여자에게 접근하고, 그리고 여자를 얻기 위해서는 돈을 쓰면 되는 것처럼, 이 두 가지는 서로 유착되어 거쳐 가야 하는 상관관계에 있는 것이다. 발작(Balzac)의 <고리오 영감>(*Le Père Goriot*)에도 쓰여 있듯이, 돈은 분명히 "당시의 무기요, 필요한 도구"임이 분명하다. 1827년에 실제로 일어난 사건을 배경으로 해서 씌어진 이 소설은 명석하지만 가난한 젊은 청년이 하찮은 일밖에는 할 수 없는데, 주위에 형편없지만 부와 권력을 지닌 자들이 성공하는 것을 보고 부당함을 느껴, 사회 계급의 정상에 오르려고 사랑이라는 탈을 쓰고, 위선을 전략으로 쓰다가 진실이 밝혀져, 비극으로 끝나는 이야기이다. 사회의 추한 현실과 이를 신분상승을 통해서 극복하려고 다시 거짓과 위선이라는 추한 방법을 동원하는 주인공의 강한 의지는 사랑과 열정이 목적이 아닌 수단임을 극명하게 보여준다. 결국, 낭만적인 ≪나≫는 세상의 외적인 형태들에 의해서 자신에게 부가된 한계들을 항상 초월하려고 하나 열정적인 충동이 현실 세계의 한계에 부딪치고 말기 때문에 한없는 열망은 거의 실망으로 끝나기 마련인 것이다. 스탕달은 이 현실과의

37 Stéphan Vachon, *Introduction* dans *Le père Goriot* de Balzac, Paris: Le Livre de Poche, 1995, p. 18.

괴리를 극복하는 방법으로 행복보다는 고통의 원천인 사랑-열정(amour-passion)의 개념을 제시했던 것이다.

스탕달과 마찬가지로 부르주아의 도덕을 뒤엎는 것을 좋아하고, 사회를 냉정하게 관찰하는 또 하나의 작가는 메리메(Mérimée)이다. 그의 이름보다도 그의 작품, <까르멘>(*Carmen*, 1845)으로 더 유명한 그는 감수성을 배제하는데도 불구하고 생생하게 인물을 그려낼 줄 아는 견고하고 세심한 작가이다. 그의 인물들은 정열의 화신들로서, 사랑을 할 때나 증오를 할 때, 매우 극단적이다.

> 돈 호세(don José)는 까르멘에 대한 사랑으로 모든 것을 포기하고, 심지어는 살인까지 하기에 이르렀지만, 까르멘은 그녀의 새로운 관심 대상인 투우사를 사랑한다고 잔인하게 말한다. 그녀를 놓치지 않으려면, 그녀를 죽여야만 한다. 왜냐하면 집시의 피가 흐르는 그녀는 자유스럽게 태어난 만큼 언제까지나 자유스럽게 살다가 자유스럽게 죽을 것이라고 외치면서, 아무에게도 소유될 수 없다는 점을 분명히 하기 때문이다. 결국 돈 호세의 간절한 사랑을 저버리고 투우사에게로 가려하는 카르멘은 그의 칼에 목숨을 잃게 된다.
>
> 이 작품은 사랑과 자유에 관한 문제를 제기하고 있는 것이다. 과연 사랑은 자유와 상반되는가? 또, 사랑이 구속이라면, 왜 사람들은 기꺼이 그 구속을 열망하는가? 사람들은 이 설명할 수 없는 모순을 가리켜 바로 아름다운 구속, 더 나아가 사랑의 신비라는 말로 얼버무리려하는 것인가!
>
> **– 사랑과 자유**

낭만주위를 닫고 사실주의를 여는 작가 플로베르(Flaubert)는 "위대한 예술은 과학적이고 몰아(沒我)적"이어야 한다며, 작가는 작품을 쓰기 전에 참고자료를 기초로 하여 정확하고 객관적으로 써야 하며, 작품 속에 자신의 의견을 삽입하거나 부연을 하면 안 된다고 주장한다. 그러다 보니, 그는 심리분석보다는 묘사에 치중하여, 물체나 경치가 인물에 의해 느껴진

감동의 반향이 되는 것이다. 그러면, 도덕과 종교를 모독하고 간통을 찬양해서, 당시의 여성들을 타락시켰다는 혐의로 작가를 재판까지 받게 하는 작품 <마담 보바리>(*Madame Bovary*, 1857)의 내용을 보자:

노르망디(Normandie) 지방의 농부의 딸, 엠마 루오(Emma Rouault)는 만족할 줄 모르는 영혼의 소유자로서, 지루하고 별 볼일 없는 농촌 생활에서 벗어나고 싶은 간절한 마음에서 개성도 없고 능력도 보잘것없는 남자지만 의사라는 직업을 가진 샤를르 보바리(Charles Bovary)와 결혼한다. 그의 평범함에 권태를 느끼던 참에, 라 보비싸르(La Vaubyessard) 성(城)에서 열린 한 무도회는 그녀로 하여금 사치와 소설 같은 사랑을 꿈꾸게 한다. 엠마는 공증인의 서기인 레옹(Léon)과 선입견이 많은 아마추어 약사인 오메(Homais)씨와 플라토닉한 사랑을 하고, 그녀를 얼마 지나지 않아 금새 버리고 떠나는 로돌프(Rodolphe)의 정부(情婦)가 되기도 한다. 그러나 엠마는 모든 이들에게 버림을 받게 되고, 많은 빚을 지게되어 결국 비소(砒素)로 자살하고 만다.

– 사랑과 환상

플로베르는 항상 다른 운명을 꿈꾸는 엠마 보바리라는 인물을 가지고 보편적인 한 유형을 만들어내었다. 여기서 한 유형이란, 삶에 대하여 우리가 가지고 있는 생각과 삶 그 자체에는 괴리가 있을 수 있다는 것을 이해하지 못하여 현실을 있는 그대로 보지 못할 뿐만 아니라 받아들이지도 못하는 존재를 가리키는 것이다. 이 보바리즘(bovarysme)은 두 가지의 파생적인 환상으로 발전되는데, 우선 세상과 사람들로부터 느낀 실망감을 모든 추억과 이미 다른 곳에 투영된 갈망들로 채우거나 자신의 상상의 세계 속에 빠지면서 보상할 수 있다고 믿는 것이다. 그로써 그녀는 자신의 상상의 진정한 일부분이 되는 것이고, 그녀가 그 이전부터 그토록 꿈꾸어오던 사랑의 주인공이 되는 것이다. 두 번째 환상은 다른 성격의 요소들 사이에 있는 부족함을 이 남자에서 저 남자로 옮겨 다니듯 이 곳에서, 저 곳으로 옮겨 다니면 채워질 수 있다고 믿는 것이다. 따라서 자질을 가지고 있지도 않은 이 대상, 저 대상에게 자신의 욕망을 부여하는 것이다. 그렇다보니 결론은 비극적일 수밖에 없는 것이고, 결국, 불만스러운 현실에 상상의 날개를 단 엠마는 환상을 사랑으로 착각한 것이다.

플로베르와 마찬가지로 사회를 관찰하며, 자료를 조사하고 참조하는 작가, 에밀 졸라(Emile Zola)는 사랑하고 갈망하며, 기쁨과 고통, 분노로 외치다가 모든 것을 파괴하고, 자신도 파멸하고 종국에는 죽음을 맞이하게 되는 인물들을 그린다. 그 대표적인 인물이 <나나>(*Nana*, 1880)에 등장하는 안나 꾸뽀(Anna Coupeau)이다:

> 안나 꾸뽀는 형편없는 오페라타의 배우로 시작한다. 자신이 지니고 있는 육체적인 매력의 힘으로 창녀처럼 몸을 팔아 부자가 된 안나는 부인들의 간통 행위를 폭로하기도 하고, 남자들, 그 중에서도 귀족들의 재산을 탕진하게 하면서 유산계급에게 복수한다. 방탕하고 사치스러운 생활 끝에 그녀는 파산하고 병이 들어, 궁색한 한 호텔 방에서 초라하게 죽음을 맞이하게 된다.
>
> **– 사랑과 복수**

그의 작품 <선술집>(*L'Assommoir*, 1877)이 암울한 비참함 속에서 술로 인한 하층민들의 붕괴를 그린 작품이라면, <나나>는 성의 문란함으로 인한 제 2제정시대 상류계급의 붕괴를 그린 작품이라고 하겠다. <동백꽃 아가씨>(*La dame aux camélias*)의 마르그리뜨 고띠에(Marguerite Gautier)는 사랑으로 본인의 문란했던 사교계 생활을 속죄했다면, 사치와 향락을 위해서 태어난 빼어난 미모의 안나, 즉 나나는 금새 상류사회 남자들의 탐욕의 대상이 되지만, 그녀는 자신을 갈망하는 남자들을 차례로 폐가망신하게 한다. 보바리 부인과 마찬가지로, 그렇지만 그녀와는 다르게 만족할 줄 모르는 나나는 자신도 이제 어렵게 속하게 된 상류사회가 와해되는 것을 보고 즐기면서 이전의 하층민으로서의 복수를 한다. 여기서 상류사회라는 것이 이미 확립된 질서를 의미하는 것이기 때문에, 졸라는 이 질서가 그 자체에 부패를 안고 있다고 본 것이다. 악덕으로 썩고 타락한 사회는 그렇게 그녀와 함께 사라져버리는 것이다. 이로써 <나나>의 사랑은 그녀를 짓누르던 사회에 대한 복수의 테마로 막을 내린다.

플로베르의 제자로서 당연히 사실주의 작가인 모파상(Maupassant)은 그의 첫 번째 소설, <여자의 일생>(*Une vie*, 1883)이라는 작품으로 잘 알려져 있다. 불가능한 행복을 꿈꾸는 한 여인의 슬픈 일생이 일반적인 진실과 같은 구성과 성격을 가지고 있다보니, 숱한 여인들의 삶에 내재하는 보편적인 진실이 엿보이는 작품이다. 그러나 사생아와 미혼모 같은 사회적인 타부를 다루다보니 그 비난 또한 적지 않았던 작품이다. 그렇지만 모파상은 졸라와 마찬가지로 관중을 놀라게 하더라도 삶의 있는 그대로의 모습을 그려야한다고 굳게 믿었다. 그러다 보니 주로 삶의 추하고 저급한 면들을 취급하게 되었고, 그 결과 도덕을 염두에 두지 않았다는 비판이 따라다니게 된 것이다. 그러면 모파상의 비관주의가 잘 배어 있는 이 작품의 내용을 살펴보자:

감성적이고 행복을 꿈꾸는 잔느(Jeanne)는 수도원에서 나와 부모님이 계시는 노르망디(Normandie)로 돌아온다. 그녀는 젊고 잘생긴 쥘리앙 드 라마르(Julien de Lamare) 자작의 매력에 끌려 그와 결혼하나, 그녀의 행복은 오래가지 않는다. 호색한이며 계산적인 쥘리앙은 결혼한 지 얼마 안 되어서 유모의 딸이자 하녀인 로잘리(Rosalie)와 관계를 가져 임신을 시키고, 또 다른 여자를 만나 그녀를 배반하다가, 이 사실을 알게 된 간통한 여자의 남편에 의해 목숨을 잃는다. 삶의 허망함을 느낀 잔느는 아들 뽈(Paul)에게 온갖 애정을 쏟지만, 정작 아들은 18세가 되기가 무섭게 어머니의 재산을 탕진한다. 삶에 지칠 때로 지치고 환멸을 느낀 그녀를 유모의 딸, 로잘리(Rosalie)가 잘 보살펴주지 않았더라면, 그녀 또한 목숨을 잃었을지도 모른다. 그러던 중 갑자기 홀아비가 된 아들이 딸을 그녀에게 맡기니, 잔느는 또 다시 성심성의를 다하여 손녀를 돌보아주게 된다. 그녀가 더 오래 살았다면, 손녀조차 그녀에게 다시 삶의 환멸을 느끼게 했을 지도 모르지만 말이다.

– 사랑과 인생

고귀한 심성과 예민한 감수성을 가지고 있는 주인공이 사랑을 막연하게 꿈꾸다가 한 남자와 인연을 맺지만, 그 인연이 실망적인 현실과 시간의 흐름 속에서 비참한 운명으로 탈바꿈하게 된다. 허상으로써의 사랑이 구체적인 현실로써의 불행으로 탈바꿈하는 테마는 모파상의 스승, 플로베르의 <마담 보바리>를 연상시킨다. 다만, 잔느는 마담 보바리와는 달리 그 허상을 찾아 이 대상 저 대상으로 헤매고 다니는 대신 주어진 여건 안에서 운명을 받아들이고 허무한 인생을 최선을 다해 살아나가는 인물이다. 인간을 "항상 새로워지는 어리석고 매력적인 환상의 영원한 장난감"으로 본 모파상은 이 인물을 통해서 사랑이라는 상상적 세계를 거부하고, 존재의 구성요소인 허무를 발견하며, 그 허무함에 삶의 방식을 맞추어야 한다는 것을 보여는 것이다.

19세기말에 다시 낭만주의로 돌아오면서, 손쉬운 감성의 갈구, 그리고 수사학적인 정열을 만족시키는 로스땅(Rostand)의 <시라노 드 베르즈락>

(*Cyrano de Bergerac*, 1897)이 그 전형적인 낭만주의 극으로 대두된다. 눈으로 하는 사랑과 마음으로 하는 사랑을 대치한 이 작품은 세계 여러 나라에서 가장 많이 공연되는 프랑스 작품들 중의 하나로써, 영웅적이고 감성적인 것이 혼합되어 있다. 큰 코는 그의 열정적인 사랑을 움츠려들게 하지만, 사랑이 그에게 주는 영감과 시적인 능력은 그 누구보다도 뛰어나다. 다정한 마음의 소유자이지만 결투하기 좋아하는 사람의 진정한 신화인 시라노의 이야기는 다음과 같다:

17세기에 일어나는 이야기이다. 갸스꼬뉴(Gascogne)의 귀족 청년 부대 중에서 가장 이름난 시라노와 크리스티앙(Christian)은 둘 다 시라노의 아름다운 사촌 동생인 록싼느(Roxane)에게 홀딱 반해 있다. 시라노의 사모하는 마음을 알지 못하는 록싼느는 그에게 크리스티앙을 사랑한다고 자신의 마음을 털어놓는다. 그러자 시라노는 크리스티앙을 여러 방면으로 돕기 시작한다. 손톱만큼도 언변이 없는 크리스티앙을 위해 연애편지도 써주고, 정원의 어둠 속에서 그 청년 대신 미칠 듯한 사랑의 고백을 대신 해준다. 이 모든 것이 크리스티앙의 머리 속에서 나온 줄로만 아는 록싼느는 그에 대한 사랑을 점점 더 키워 가는데, 크리스티앙이 그만 전투에서 쓰러지고 만다. 그는 죽음을 맞이하기 직전에, 록싼느가 자기 안에서 사랑한 것은 자신의 잘 생긴 외모가 아니라 시라노의 뜨거운 영혼이라는 것과 시라노 역시 그녀를 열렬히 사랑하고 있다는 것을 깨닫는다. 사랑은 단지 외모만 가지고는 완전히 구현되지 않지만, 외모로 그 빛을 발한 것은 사실이었다. 록싼느는 사랑을 잃어버렸다고 생각하고 수도원에 들어가 잃어버린 사랑을 탄식한다. 그때부터 시라노는 15년 동안 그 여자를 찾아가 크리스티앙의 이야기를 하며 그 여자를 위로해 준다. 그러다가 처음부터 그녀를 사랑했던 그의 비밀이 마침내 알려지지만 때는 이미 늦어버린다. 시라노가 그날 치명상을 입었기 때문이다. 시라노는 록싼느의 정다운 고백을 들으며, 결코 그의 삶이 헛되지 않았으며 실수하지 않았다는 긍지를 가지고 죽어간다.

– 사랑과 외모

한 사람이 모든 자질을 다 지니지 못하기에 로스땅은 지성과 외모, 즉 실제와 외관을 대표하는 시라노와 크리스티앙이라는 두 인물을 등장시켜 이분법적인 세계관을 보여준다. 외모 때문에 달빛의 시인일 수밖에 없는 시라노는 자신의 영광, 자신의 사랑으로는 빛날 수 없어, 용감하고 우아한 인품을 지녔음에도 크리스티앙이라는 수려한 외모를 가진 인물을 통해서 간접적으로 자신의 시적인 열정을 뿜어낸다. 그 열정은 그의 화려한 언변에 의해서 대변되는데, 남들이 먹고 사랑을 할 때에도, 시라노는 먹는 대신 말을 장황하게 늘어놓는다. 심지어는 자신의 죽음조차도 말로 바꾸어버린다. 그런 의미에서, 엄청나게 큰 코로 대표되는 시라노는 사실상 입으로 귀결되는 것이고, 아름다운 어귀들을 경청하면서 사랑을 하려하는 록싼느는 듣는 역할, 즉 귀로 귀결되는 것이다. 이렇게 얼굴 생김으로 인물들을 분석하는 것은 시라노가 외모로 인하여 생긴 비극이기 때문이다. 서양에서 코는 지성을 상징한다고 하여, 코가 크고 길수록 그 사람이 많은 자질을 가지고 있다고 믿는다. 로마의 황제 시저(César)가 그랬고, 나폴레옹도 그랬다. 그리하여 코는 얼굴 중앙에 자리를 잡고 있으면서, 그 크기가 그의 영광에 비례한다는 것이다. 게다가 시라노의 경우에는, 코가 클 뿐만 아니라 칼을 잘 쓰는 기사로 나오는데, 칼(épée)은 남자의 남근을 상징하기 때문에, 시라노는 지성을 갖춘 것은 물론 용맹성 또한 겸비한 인물이 된다. 그러나 그의 감추고 싶은 외모, 그러나 숨길 수 없는 열정과 사랑사이에서, 허상을 살다가 간 인물이 또한 시라노 드 베르즈락인 것이다.

5. 20세기

제1, 2차 세계대전이라는 엄청난 역사적인 사건을 겪은 20세기는 정신적으로 그리고 물질적으로 과히 혁명을 이루었다. 그러다가 인류의 지성이 만들어낸 물질문명에 의해서 오히려 위협을 받게 되고, 냉전시대가 종식되면서 민주진영과 공산진영이라는 경계가 와해되어 이분법적인 이데올로기가 상실되니 정신적인 지표를 잃게 되고, 상대적인 무력감에 빠지게 되었다. 20세기 작가들은 인간을 재인식하고, 물질적인 사회 속의 인간을 재조명하거나 윤리를 탐구하면서, 정신적인 위기에 놓인 인류를 각자의 고유한 방식으로 그려내거나 옹호하였다. 그 중에서도 점차 메말라 가는 감성 앞에서 사랑은 과연 어떻게 묘사되었는지 살펴보자.

마르셀 프루스트(Marcel Proust)는 소설화된 한 사회의 연대기인 <잃어버린 시간을 찾아서>(*A la recherche du Temps perdu*, 1913-1927)를 썼다. 이 작품은 과거의 기억들을 긁어모아 과거에 의지하고 있는 듯해도, 사실은 미래를 향하고 있다. 그의 저서는 7 부분으로 되어 있다: <스완의 집 쪽>(*Du côté de chez Swann*, 1913), <꽃다운 나이의 처녀들의 그늘에서>(*A l'ombre des jeunes filles en fleurs*, 1918), <게르망뜨 쪽>(*Le Côté de Guermantes*, 1920-1921), <소돔과 고모라>(*Sodome et Gomorrhe*, 1921-1922), <사로잡힌 여인>(*La Prisonnière*, 1923), <사라진 알베르띤느> (*Albertine disparue*, 1925), <되찾은 시간>(*Le temps retrouvé*, 1927)

화자(話者)는 아주 어렸을 때, 휴가를 보내던 꽁브레(Combray)의 마을을 회상한다. 어머니, 할머니, 그 여자들의 주위에 있었던 충실한 천민들, 그리고 즐거운 산책 등이 눈앞에 떠오른다. 이 산책은 때때로 메제글리즈-라-비뇌즈 쪽으로 했는데, 사람들은 이 쪽을 스완 집 쪽이라고도 불렀다. 왜냐하면, 그 쪽으로 가려면 스완 씨의 소유지 앞을 지나갔기 때문이다. 또 때로는 게르망뜨 쪽으로도 갔는데, 이 쪽은 어린 화자가 꿈꾸고 있지만 접근할 수 없는 공작부인의 소유지였다. 작품의 제 2부 〈스완의 사랑〉(Un amour de Swann)은 독자를 완전히 스완댁 쪽으로 끌어넣는다. 여기서 문제가 되는 것은 이제 어린이의 인상이 아니라, 이미 청년이 되어 자기의 연애 개념을 뚜렷이 정해 놓고 있는 화자가 훗날 들은 이야기의 추억이다. 섬세한 예술 애호가로서, 대단히 총명하고 유복하며, 매우 사교적인 스완은 행실 나쁜 여자 오데뜨 드 크레시(Odtte de Crécy)에게 마음을 온통 빼앗긴다. 이 여자는 온갖 방법으로 그를 괴롭히다가 마침내 그와 결혼하는데 성공한다. 수많은 인물들이 이 연애 사건에 등장하는데, 그 중에서도 특기할 것은, 대중을 업신여기고, 예술가들을 환영하는 체하는 부유한 부르주아인 베르뒤랭(Verdurin)집 사람들이다. 스완의 결혼에서 태어난 딸이 질베르뜨(Gilberte)인데, 화자는 이 소녀를 아주 어렸을 때 샹-젤리제에서 만나곤 했다.

질베르뜨 스완은 오랫동안 화자와 순진한 우정으로 사귄 뒤 헤어졌고, 그는 이내 처녀들이 많이 모이는 사교적인 해변, 발벡(Balbec)에서 많은 처녀들에게 시선을 빼앗긴다. 그 중에서도 특히 알베르띤느에게 유난히 더 애착을 느끼는데, 그녀는 그를 차갑게 대한다.

다음에 화자는 게르망뜨 쪽으로 돌아선다. 그는 공작부인 댁으로 가, 그녀에게 희망 없는 사랑을 고백하고, 또 귀족들이 사는 교외의 여러 살롱에 드나든다. 그러다가 그는 마침내 〈소돔과 고모라〉의 수치스러운 행위들을 샅샅이 알아내고, 발벡의 처녀들 중에서 그가 가장 좋아했던 처녀인 알베르띤느에게 사랑해서라기보다는 질투심에서 그녀에게 집착하며 달라붙는다.

그는 그녀와 반드시 결혼하겠다고 결심을 해서가 아니라, 오로지 그녀를 자기 곁에 잡아둘 수 있는 권리 같은 것을 갖기 위해서, 그녀와 약혼을 한다. 그는 그녀를 질투할 뿐이지 그녀를 사랑하지 않는다.

그러던 어느 날 그녀는 달아나, 뚜렌느의 한 아주머니 댁에 몸을 숨기지만, 말 사고로 목숨을 잃는다. 이 사건은 화자에게 비통한 명상의 주제가 된다.

그는 오랫동안 파리를 떠나 있다가 전쟁 중에 다시 돌아온다. 전쟁은 변화를 재촉하여, 소설의 첫머리에서 전혀 다른 세계에 속해 있었던 사람들이 머리가 반백이 되어 서로 접근해 있다. 주위에 있는 사람들이 늙어가고, 몸이 쇠약해지는 것을 보면서, 화자도 자신의 나이를 새삼 인식한다. 그리고는 잃어버린 시간을 되찾을 수 있다는 것을 깨닫게 된다. 즉, 우리들에게 행복의 수수께끼를 제시하고 있는 이 희미한 환영들을 지나치면서 붙잡아, 그것들을 예술 작품 속에 정착시킨다면 말이다.

–사랑과 시간

과거를 회상하면서 사랑이라는 감정을 무의식의 심연 속에서 찾아보려 한 프루스트는 자아성찰의 작가이다. 시간이 흐르면, 모두들 사라져버린다. 그리하여 시간이 소중한 것들을 파괴해 버린다면, 기억은 보존하는 것이다. 그렇기 때문에 나를 시간의 위협으로부터 보존하는 유일한 방법은 기억인 것이다. 결국 <잃어버린 시간을 찾아서>는–질투심을 사랑의 훌륭한 증거로 간주한–사랑의 새로운 분석일 뿐만 아니라, 시간과 인식의 대치를 그린 것이다.

자기의 과거 속에 잠겨드는 것을 즐기며 과거 속에 잠겨들던 프루스트와는 달리, 앙드레 지드(André Gide)는 자기의 과거로부터 해방되기 위해서 싸웠으며, 그의 모든 작품들은 사람이 어떻게 살아야 하는지, 또 새로

운 가치가 무엇인지에 대하여 집중적으로 묻고 있다. 그는 인간을 속박하고 있는 모든 규율, 종교와 도덕을 위선으로 보았으며, 반면에 순결성에 대한 향수를 지녔고, 언젠가는 천국과 지옥, 하느님에 대한 사랑과 인간에 대한 사랑을 화해시킬 수 있으리라는 희망을 잃지 않기도 했다. 그의 대표작인 <좁은 문>(*La Porte étroite*, 1909)을 살펴보자 :

> 제롬(Jérôme)은 어렸을 때부터 사촌누이인 알리싸 뷔꼴랭(Alissa Bucolin)을 사랑했고, 알리싸의 여동생 쥴리에뜨(Juliette)는 제롬을 사랑했다. 그러나 두 자매는 같은 남자를 놓고 싸우기를 거부하여, 동생은 자신보다 훨씬 나이가 많은 구혼자에게 시집을 가버리고, 언니는 행복보다는 기독교와 정결함을 더 좋아한다고 고백한다. 3년이 지나고, 제롬은 많이 변한 알리싸를 다시 만나게 된다.
>
> 그때에도 그녀는 그를 거부하더니, 한 달이 지난 후에 숨을 거둔다. 그런데 그녀가 남긴 일기는 그녀의 가슴 아픈 비밀을 알려준다: 그녀는 그를 깊이 사랑하고 있었으며, 그에게 모든 것을 바치고 있었으나, 기독교도로서의 완성을 추구하고 있었으며 이 완성이 사랑에 저항함으로써 얻어진다고 확신하고 있었던 것이다. 게다가 그 여자가 추구하고 있었던 것은 자기 자신의 행복보다도 오히려 제롬의 행복이었다. 왜냐하면 그녀는 그를 자신으로부터 떨어져 나가게 함으로써, 그가 혼자서, 저 성서에서 이야기하고 있는, 둘이서 나란히 걸어 들어갈 수 없다는 "좁은 문"쪽으로 들어가는 것을 보고 싶어 했기 때문이다.
>
> **–사랑과 신앙**

■ Dans le mur du potager de Cuverville, la « porte étroite ».

지드는 어떤 편을 드는 것은 회피하지만, 신교도적인 도덕성의 과도함을 비판한다. 숭고한 것으로 나아가는 것은 존중하지만, 비인간적인 잔혹함은 적절하지 않다는 것이다. 사랑이라는 인간 초유의 자연스러운 가치와 기독교 금욕주의의 이상적이지만 비인간적인 가치사이에서 고민하는 인간상을 그린 작품이 좁은 문이라고 할 수 있다. 그리고 <좁은 문>이 아니더라도 훗날 영화화되어 많은 감동을 불러일으킨 <가시나무 새>도 종교인과 나누는 고통스럽고 불가능한 그렇지만 인간적인 사랑을 다루고 있다.

그런가하면 기독교적인 사랑이 아니라 불멸의 삶을 거부하며 너무나도 인간적인 사랑을 추구하는 작품이 있다. 그것은 장 지로두(Jean Giraudoux)의 <앙피트리옹 38>(*Amphitryon 38*, 1929)이다. 3막으로 이루어져 있는 이 희곡은 ≪광란의 하루≫라는 부제를 달고 있는데, 하루 종일,

그리고 밤이 다 지나도록 일어나는 사건을 다룬 작품으로써, 신과 인간, 전쟁과 사랑, 정숙함과 자유분방함을 시적으로 잘 섞고 있다.

1막 : 주피터(Jupiter)는 떼브(Thèbes)의 왕 앙피트리옹(Amphitryon)의 아름다운 아내 알크멘느(Alcmène)를 취할 계획을 세운다. 이 관계로 인해 훗날 헤라클레스(Hercule)가 태어나게 된다. 그러나 이러한 운명을 성취하는 것보다도 주피터는 알크멘느의 사랑을 얻고 싶어 한다. 앙피트리옹의 충실한 아내를 유혹하기 위해서 그는 전쟁을 일으켜 그녀의 남편을 멀리 떠나가게 하고, 그는 남편의 모습을 한다.

2막: 어떤 순간에도 알크멘느에게 자신의 본래 모습을 밝히지 못한 신들 중의 신 주피터는 인간적인 원통함을 느낀다. 앙피트리옹을 질투하는 주피터는 알크멘느와 두 번째 밤을 보내기로 결심한다. 그러나 이를 눈치 챈 알크멘느는 레다(Léda)와 자신을 바꿔치기 하지만, 일이 잘못되어 진짜 자신의 남편을 레다의 품에 안기게 하는 상황이 벌어진다.

3막: 알크멘느와 앙피트리옹은 주피터에게 당하느니 차라리 죽기로 맹세한다. 그 결과 주피터 신은 인간의 사랑의 힘 앞에 무릎을 꿇고, 사건의 전말을 앙피트리옹과 알크멘느의 기억에서 지워버리게 해주는 은총을 내린다.

알크멘느의 미덕이 어떠한 유혹도 물리치는 이 작품에서, 적대적이고 불길하게 나오는 신, 주피터는 17세기의 정숙한 여자의 거처에 들어갈 수 있는 유일한 모습, 즉, 남편의 모습을 빌리는 방법밖에 없었던 것이다. 그러나 그의 시도는 남편과 부인을 하나로 잇는 인간의 사랑 앞에서는 힘없이 무너지고 만다는 이야기이다. 이처럼 굳건하게 맺어진 사랑은 신의 농간과 힘 앞에서도 살아남을 수 있다는 것을 보여주면서, 우리를 파괴하려 드는 힘에 상냥하게 대항하면서 이 힘에 대해 인간적인 사랑의 강렬한 감정으로 맞서라는 처세술을 암시하고 있다. 과연 강렬함이 퇴색해가고 있는 오늘날의 사랑이지만, 지로두가 신화를 빌어 암시하고 있는 사랑의 힘은 대단한 것이 아닌가?

VI.

결론

VI. 결 론

드니 드 루즈몽(Denis de Rougemont)에게 있어서, 사랑의 욕망은 죽음을 향하고 있고, 프로이드(Freud)에게 있어서는 유아의 수준으로 떨어지는 퇴행현상, 지라르(Girard)에게 있어서는 자아상실, 오르떼가(Ortega)에게 있어서는 목이 염증으로 붓는 것과 같은 심리적인 구협염(口峽炎)으로써의 일시적인 바보짓, 프롬(Fromm)에게는 개인성의 상실을 의미했다. 제라르 르끌레르(Gérard Leclerc)는 토니 아나트렐라(Tony Anatrella)의 사랑의 정의를 인용하면서 그의 저서 <조각난 사랑?>(*L'Amour en morceaux?*)의 결론을 내고 있다: "사랑은 우선 하나의 감정이 아니다. 무엇보다도 지속적인 시간 속에서 이루어지는 공동의 관계를 건설하고자하는 욕망이다. 아무리 고귀하다 할지라도 감정들은 사랑하는 관계의 요소들 중의 하나이지, 그 감정들만으로는 사랑하는 관계를 정의하지 못한다. 이와 같이 애착하는 관계, 감성적인 관계, 성적인 유혹이 사랑하는 관계와 혼동되는 것이다. 감정들 자체는 아무런 의미를 지니고 있지 않고, 관계의 성격에 따라 상대적인 것이고, 삶의 계획에 달려있는 것이다."[38]

38 Gérard Leclerc, *L'Amour en morceaux?*, Paris: Presses de la Renaissance, 2000, p. 302.

사랑이 우리가 추구하는 이상적인 개념이라면, 사랑이라는 감정은 현실로써, 시간 속에서 퇴색할 수 있기 때문에, 삶의 지속성 속에서 검증되어야 하는 사랑의 속성에 관한 정의이다. 이처럼 사랑은 구체적이며, 지속적인 것인가? 열정적인 사랑은 오랫동안 지속될 수 없다고 하는데, 어떻게 이 지속적인 것을 평가하는가가 문제이다. 왜 오랫동안 지속되는 것이 善인가? 또 왜 지속되는 구체적인 것이 불태우는 감정보다 더 나은 것인가? 적어도 문학 속에서는 불태우는 사랑을 선호하지 않는가? 이는 현실의 가치와 허구와 상상의 세계에서의 가치가 다르다는 것을 보여주는 것이다. 소설 속의 주인공들이 만나는 온갖 사랑의 역경을 보고 위안을 얻고, 현실에서 불가능한 혹은 터부시 되는 사랑을 이루는 것을 간접경험하며, 대리만족을 얻는 것이 독자이다. 그렇기 때문에 소설 속의 사랑은 반복, 습관, 의무, 도덕을 벗어나서 더욱 열정적일 수밖에 없고, 무엇인가 현실과는 다른 특별한 요소들을 지녀야 하는 것이다. 사랑이 우리가 꿈꾸는 환상이라면, 소설 속의 사랑은 우리에게 환상을 심어 주기도, 현실을 일깨워 주기도 해야 한다. 또한 사회 현실 속에서 받는 많은 상처를 치유해주고, 삶의 청량제로써 우리가 가꾸고 정성을 들이며 꿈꿀 수 있는 숨겨진 정원과 같은 역할을 해야 하는 것이다. 뿐만 아니라 사랑은, 가스똥 바슐라르(Gaston Bachelard)의 <공간의 시학>(*La Poétique de l'espace*, 1957)에서의 표현을 빌리자면, 근본적으로 우리 존재를 보다 나은 쪽으로 전환하고자 하는 ≪상승욕구≫를 유발시킨다는 것이다. 그리하여, 각 개인은 자신이 지니고 있는 최상의 선(善)에 도달하고자 노력하게 되는 것이다. 그리고 최상의 선에 도달한 다음에도, 사랑이 지속되려면 무엇보다도 상대방을 믿고 존중하는 것이 중요한 관건이 되는 것이다.

결론적으로, 사랑은 문학의 영원한 테마로써, 삶 속에서의 죽음이기도 하고 죽음 속에서의 삶이기도 하다. 또한 사랑은 정복인가 하면 복종이기도 하고; 자기밖에 모르는 이기주의인가 하면 사랑하는 사람을 위한 헌신이기도 하고; 상대방에 대한 존중, 두려움, 감옥, 자유, 운명, 건강, 행복, 고난, 영원한 추구 혹은 한없는 기다림일 수도 있는 것이다. 어찌되었던 사랑은 인류의 영혼을 순화하고 고립된 자기애에서 남을 사랑하고 품을 수 있게 하고, 진정하고 바람직한 인간관계로 나아갈 수 있게 해주며, 불확실한 물질문명시대의 미래를 준비하고 이겨낼 수 있게 해주는 에너지로써 기계가 아닌 인간을 대변해 주는 대명사가 될 것이다.

부록

사랑에 대한 명구(名句) 선집(選集)

사랑에 대한 명구(名句) 선집(選集)

사랑

"Le verbe aimer est un des verbes les plus difficiles à conjuguer :
- son passé n'est pas simple
- son présent n'est qu'indicatif
- et son futur est toujours conditionnel."

≪사랑하다라는 동사는 동사 변화하기가 가장 어려운 동사들 중의 하나이다 :
– 사랑하다라는 동사의 과거형은 단순과거가 아니고,
– 현재형은 단지 직설법 형태이고,
– 미래형은 항상 조건법이다.≫

-Jean Cocteau

"L'amour, c'est l'effort que l'homme fait pour se contenter d'une seule femme."
≪사랑은, 남자가 한 여자에게 만족하기 위해서 하는 노력이다.≫

L'Homme et l'Amour, Paul Géraldy

"L'homme commence par aimer l'amour et finit par aimer une femme. La femme commence par aimer un homme et finit par aimer l'amour."
≪남자는 사랑을 사랑하기 시작해서 한 여자를 사랑하게 된다. 여자는 한 남자를 사랑하기 시작해서 사랑을 사랑하게 된다.≫

Physique de l'amour, Rémy de Gourmont

사랑과 결혼

"Que d'époux ne sont séparés que par le mariage!"
≪얼마나 많은 부부들이 오로지 결혼에 의해서 헤어졌던가!≫

"La chaîne de mariage est si lourde qu'il faut se mettre à deux pour la porter, et quelquefois à trois."
≪결혼의 사슬이 너무나도 무거워서 그 사슬을 드는 데에 두 사람이 필요하고, 경우에 따라서 가끔은 세 사람이 필요하다.≫

Notes et Pensées, Alfred Capus

"Le célibat? On s'ennuie. - Le mariage? On a des ennuis."
≪독신 생활? 심심하고. – 결혼 생활? 근심거리만 있고.≫

"On est d'abord côte à côte, puis face à face, puis dos à dos."
≪처음에는 서로 옆으로 나란히 있다가, 그 다음은 서로 마주보다가, 마침내는 서로 등을 지게 된다.≫

Elles et Toi, Sacha Guitry

"Les femmes sont faites pour être mariées et les hommes pour être célibataires. De là vient tout le mal."
≪여자들은 결혼하도록 만들어졌고, 남자들은 독신으로 살게 만들어졌다. 여기서부터 모든 불행이 비롯되는 것이다.≫

Mon père avait raison, Sacha Guitry

"L'amour est aveugle, mais le mariage lui rend la vue."
≪사랑은 눈을 멀게 하지만, 결혼은 눈을 뜨게 한다.≫

Aphorismes, Lichtenberg

"se marier signifie se borner, se limiter, restreindre le champ immense des plaisirs, des joies, des bonheurs inconnus… Or, comment consentir à se diminuer, à se mutiler…"
≪결혼한다는 것은 서로 제한하는 것, 서로 억제하는 것, 기쁨과 쾌락, 미지의 행복의 광활한 영역을 축소하는 것이다… 그런데, 어떻게 자기 자신의 영역을 좁히고, 잘라내는데 동의할 수 있겠는가?…≫

"Je me demande pourquoi les faire-part de mariage ne sont pas bordés de noir, comme pour les deuils!"
≪나는 왜 결혼식 청첩장이 장례식처럼 검은 색으로 둘러쳐져 있지 않은지 의문이다.≫

Ce que femme veut, Etienne Rey et Alfred Savoir

"On se marie par manque de jugement. Puis on divorce par manque de patience. Enfin, on se remarie par manque de mémoire."
≪판단력 부족으로 결혼하고, 참을성 부족으로 이혼하며, 기억력 부족으로 재혼한다.≫

Armand Salacrou

"Une femme s'inquiète de l'avenir jusqu' à ce qu'elle ait trouvé un mari, tandis qu'un homme ne s'inquiète de l'avenir que lorsqu'il a trouvé une femme."
≪여자는 남편을 찾을 때까지 미래를 걱정하는데 반해서, 남자는 부인을 맞이할 때에 비로소 미래를 걱정한다.≫

George Bernard Shaw

사랑과 결혼지참금

"Elle est affreuse, mais elle a trois millions de dot ou, si vous voulez, de dommages et intérêts!"
≪그녀는 끔찍하게 생겼지만, 3백만 프랑의 결혼지참금, 아니 손해배상금을 가지고 오지!≫

Miquette et sa mère, Gaston de Caillavet et Robert de Flers

사랑과 금전

"Les femmes légères sont celles qui pèsent le plus lourdement sur le budget des hommes."
≪가벼운 여자들은 남자들의 예산에 가장 무겁게 나간다.≫

Marcel Achard

"Vous savez mieux que moi, quels que soient nos efforts,
Que l'argent est la clef de tous les grands ressorts,
Et que ce doux métal qui frappe tant de têtes,
En amour, comme en guerre, avance les conquêtes."
≪당신도 나보다 더 잘 알다시피, 우리의 노력이 어떻든 간에,
돈이 모든 중요한 원동력의 열쇠인 것이고,
이 달콤한 쇠붙이가 그토록 많은 사람들의 머리를 돌게 하고,
사랑에서도 전쟁에서와 같이 정복을 진전시킨다는 것이오.≫

L'école des femmes, Molière

"Tu as vu des femmes qui aiment les pauvres?"
≪가난한 남자 좋아하는 여자 봤니?≫

Topaze, Marcel Pagnol

"La femme est un roseau dépensant."
≪여자는 돈 쓰는 갈대이다.≫

Journal, Jules Renard

사랑과 나이

"Quand on est jeune, l'amour, c'est se faire croire qu'on est déjà des grandes personnes. Quand on est vieux, c'est se faire croire qu'on est encore des enfants."
≪사랑은, 젊었을 때에는 자신이 노숙하다고 믿는 것이고, 늙어서는 자신을 아직 청춘 취급하는 것이다.≫

Noix de Coco, Marcel Achard

"Les trois âges de la dévotion féminine, - le désir, la vanité, la peur : quinze, trente, quarante ans."
≪여자의 애착에는 세 단계가 있는데, 15세에는 갈망, 30세에는 허영, 45세에는 두려움이다.≫

Journal, Jules et Edmond de Goncourt

"Elle croit que l'âge, c'est de l'argent, et elle économise sur son âge."
≪여자는 나이가 돈이라고 믿기 때문에, 자신의 나이를 절약한다.≫

"La femme parle toujours de son âge et ne le dit jamais."
≪여자는 자신의 나이에 대해서 항상 말하지만, 정작 나이는 절대로 가르쳐 주지 않는다.≫

Journal, Jules Renard

사랑과 남성

"Les hommes s'intéressent aux femmes qui leur manifestent de l'intérêt plus qu'à celles qui ont de jolies jambes."
≪남자들은 예쁜 다리를 가진 여자들보다 그들에게 관심을 표명하는 여자들을 더 좋아한다.≫

Marlène Dietrich

사랑과 독신

"Les célibataires aisés devraient être lourdement imposés. Il n'est pas juste que certains hommes soient plus heureux que les autres."
≪경제적으로 여유 있는 남자 독신들은 세금을 무겁게 부과해야 한다. 이들이 다른 이들보다 더 행복한 것은 부당하기 때문이다.≫

Oscar Wilde

사랑과 배신

"la plus grande saleté qu'on puisse faire à un homme qui vous a pris votre femme, c'est de la lui laisser!"
≪당신의 부인을 범한 남자에게 할 수 있는 가장 큰 추잡한 짓은 그에게 부인을 그대로 버려두는 것이다.≫

La pèlerine écossaise, Sacha Guitry

"Chez les Saxons, on pendait la femme adultère et on la brûlait.
Chez les Egyptiens, on lui coupait le nez. Chez les Romains, par la loi Julia, on lui coupait la tête.
Aujourd'hui en France, quand une femme est surprise en adultère, on se moque de son mari."
≪앵글로 쎅슨 족들은 간통을 한 부인을 목매달아 죽인 다음에 화형에 처했다.
이집트인들은 간통을 한 부인의 코를 잘랐고, 로마인들은 쥴리아 법에 의해서 목을 잘랐다.
오늘날 프랑스에서는, 한 부인이 간통 현장에서 발각이 되면, 그녀의 남편을 조롱한다.≫

Une poignée de vérités, Alphonse Karr

"La trahison est la <seconde nature> des femmes."
≪배신은 여자들의 제 2의 천성이다.≫

Amour, Paul Léautaud

사랑과 소설

"Jamais fille chaste n'a lu des romans, ou en les lisant, elle a cessé de l'être."
≪정숙한 처녀는 절대 소설을 읽지 않는다. 아니면 소설을 읽으면서 처녀의 정숙함이 끝나버린다.≫

L'Ecole des jeunes demoiselles, Abbé Reyre

사랑과 시간

"Le goût du vin se bonifie en prenant un peu de bouteille ; le goût de l'amour s'aigrit."
≪포도주의 맛은 오래될수록 좋아지고, 사랑의 의욕은 시들게 된다.≫

Ornifle ou le courant d'air, Jean Anouilh

"J'accepte et j'affrime, hors du vrai et du faux, hors du réussi et du raté (...) On me dit : ce genre d'amour n'est pas viable. Mais comment évaluer la viabilité? Pourquoi ce qui est viable est-il un bien? Pourquoi durer est mieux que brûler?"
≪나는 진실과 거짓, 잘된 것과 잘못된 것을 떠나 받아들이고, 단언한다 (...) 사람들은 이런 사랑이 지속되지 않는다고 말한다. 그러나 어떻게 지속성을 평가할 수 있는가? 왜 지속되는 것이 선(善)이고, 왜 지속되는 것이 열렬히 불타오르는 것보다 낫다는 것인가?≫

Fragments d'un discours amoureux, Roland Barthes

"Que l'amour, c'est ce qui est fait avec du temps, de la durée, avec la substance même du coeur?"
≪사랑이라는 것은 시간과 지속적인 기간, 심지어는 마음의 실질로 만들어지는 것인가?≫

Aimer, Paul Géraldy

"On s'étudie trois semaines, on s'aime trois mois, on se dispute trois ans, on se tolère trente ans; et les enfants recommencent."
≪삼 주 동안 서로 살펴보다가, 삼 주 동안 사랑하고, 삼 년 동안 싸우다가, 삼십 년 동안 참는 것이다; 그리고 자식들이 다시 시작하는 것이다.≫

Vie et Opinions de Thomas Graindorge, Hippolyte Taine

사랑과 애정

"L'affection est un sentiment fade, c'est l'amour des gens tièdes."
≪애정은 일종의 맥 빠진 감정으로, 미지근한 사람들의 사랑이다.≫

Journal littéraire, Paul Léotaud

사랑과 여성

"Les femmes étaient des oiseaux. Alors, elles ont de petites cervelles. Seulement ; elles ont des ailes aussi. Il faut leur expliquer que lorsqu'on essaie de les prendre, elles ont la ressource de s'envoler."
≪여자들은 새였다. 그래서 여자들은 머리가 모자라는 것이다. 그렇지만 여자들은 또한 날개가 있기 때문에, 남자들이 여자들을 잡으려하면, 그녀들에게는 날아갈 수 있는 능력이 있다는 것을 설명해 주어야 한다.≫

Colinette, Marcel Achard

"Les jolies femmes veulent être cajolées; les laides veulent être considérées; les vieilles veulent être conseillées et respectées; les beaux esprits femelles veulent être célébrés et admirés; mais toutes veulent être flattées."
≪예쁜 여자들은 남들이 자신을 애지중지해주기를 원하고; 못생긴 여자들은 자신을 존중해주기를 원하고; 나이들은 여자들은 조언을 해주고 존경해주기를 바라고; 재치기 뛰어난 여자들은 추앙 받고 감탄의 대상이 되기를 바란다; 결국 모든 여자들은 아부를 바라는 것이다.≫

Correspondances, Madame de Châtelet

"Les femmes ont trop d'imagination et de sensibilité pour avoir beaucoup de logique."
≪여자들은 많은 논리를 갖기에는 너무 많은 상상력과 감성을 가지고 있다.≫

Correspondance, Madame du Deffand

"Elle pourra changer quinze fois de mari. Elle aimera toujours celui qui la nourrit."
≪여자는 남편을 15번 바꿀 수 있지만, 항상 그녀를 부양하는 남자를 사랑할 것이다.≫

Deburau, Sacha Guitry

"D'abord, les femmes n'ont pas d'âge... elles sont jeunes... ou elles sont vieilles!... quand elles sont jeunes, elles nous trompent... quand elles sont vieilles, elles ne veulent pas être trompées!..."
≪먼저 여자들은 나이가 없다... 여자들은 젊거나... 혹은 늙은 것이다!... 여자들이 젊어서는 우리(남자들)를 배신하고, 늙어서는 배신당하기를 원하지 않는다!...≫

Mon père avait raison, Sacha Guitry

"Il est vrai que, parmi tant de différences essentielles, il y a celle-ci encore l'homme et la femme : une femme ne quitte en général un homme que pour un autre - tandis qu'un homme peut très bien quitter une femme à cause d'elle."
≪남자와 여자 사이에 있는 근본적인 차이점들 중에 하나가, 여자는 한 남자를 일반적으로 다른 남자 때문에 떠나지만, 남자는 한 여자를 그 여자 때문에 얼마든지 떠날 수 있다는 사실이다.≫

Quadrille, Sacha Guitry

"Ce que les femmes aiment surtout, c'est préférer."
≪여자들이 무엇보다도 사랑하는 것은 선호하는 것이다.≫

Un tour au paradis, Sacha Guitry

"Le désir de plaire naît chez les femmes avant le besoin d'aimer."
≪여자들에게 있어서는 사랑하려는 욕구보다 남자들의 마음에 들고자 하는 욕구가 먼저 생긴다.≫

Correspondance, Ninon de Lenclos

"Leur esprit est méchant, et leur âme fragile;
Il n'est rien de plus faible et de plus imbécile,
Rien de plus infidèle et malgré tout cela,
Dans le monde on fait tout pour ces animaux-là."
≪여자들의 마음은 악의에 차있고, 영혼은 유혹에 빠지기가 쉬어;
이 세상에 그 무엇도 여자들보다 더 불안정하고, 더 멍청하며,
더 불충실한 것이 없는데도 불구하고,
남자들은 이 짐승들을 위해서 모든 것을 다한다는 것이다.≫

L'école des femmes, Molière

"Quoi de plus léger qu'une plume? - La poussière.
De plus léger que la poussière? - Le vent.
De plus léger que le vent? - La femme.
De plus léger que la femme? - Rien."
≪깃털보다 더 가벼운 것은? – 먼지.
먼지보다 더 가벼운 것은? – 바람.
바람보다 더 가벼운 것은? – 여자.
여자보다 더 가벼운 것은? – 없다.≫

Alfred de Musset

"Une femme est comme votre ombre. Courez après, elle vous fuit; fuyez-là, elle vous court après."
≪여자는 당신의 그림자와 같다. 그림자 뒤를 쫓으면, 달아나고; 피하면, 쫓아오는 것이다.≫

La Confession d'un enfant du siècle, Alfred de Musset

"Si vous voulez que votre femme écoute ce que vous dites, dites- le à une autre femme."
≪당신의 부인이 당신이 하는 말에 귀를 기울이기 바라면, 그 얘기를 다른 여자에게 하시오.≫

Journal, Jules Renard

"Le seul secret que gardent les femmes, c'est celui qu'elles ignorent."
≪여자들이 간직하는 유일한 비밀은 모르는 비밀이다.≫

Sénèque

"les femmes savent que l'amour n'existe pas, que seules les preuves d'amour existent."
≪여자들은 사랑이 존재하지 않는다는 것을 알고 있고,
단지 사랑의 증거만이 존재한다는 것을 알고 있다.≫

영화 *La Discrète* **중에서**

"Dieu n'a créé les femmes que pour apprivoiser les hommes."
≪신은 남자들을 길들이기 위해서 여자들을 창조하셨다.≫

L'ingénu, Voltaire

사랑과 열정

"la passion est, d'essence, faite pour être vue : il faut que cacher se voie : sachez que je suis en train de vous cacher quelque chose (...) il faut en même temps que ça se sache et que ça ne sache pas : que l'on sache que je ne veux pas le montrer : voilà le message que j'adresse à l'autre. *Larvatus prodeo* : je m'avance en montrant mon masque du dogit : je mets un masque sur ma passion, mais d'un doigt discret (et retors) je désigne ce masque."
≪열정은 원래 보여 지기 위해서 만들어졌다. 그렇기 때문에 숨기는 것이 보여 져야만 하는 것이다 : 내가 당신에게 무엇인가를 숨기고 있는 중이라는 것을 아시오 (...) 열정은 알려져야 하는 동시에 알려지지 않아야 한다 : 사람들이 내가 보여주고 싶어하지 않는다는 사실을 알아야 한다는 것이다 : 이것이 바로 내가 타자에게 보내는 메

시지인 것이다. *Larvatus prodeo* : 나는 내 가면을 손가락으로 가리키면서 앞으로 나아간다 : 나의 열정에 가면을 씌우지만 나는 이 가면을 은밀하게 (그리고 교활하게) 손가락으로 가리키는 것이다.≫

Fragments d'un discours amoureux, Roland Barthes

사랑과 외모

"Nous ne demandons pas aux jolies femmes d'être intelligentes, mais nous ne pardonnons guère aux femmes intelligentes d'être laides."
≪우리는 예쁜 여자들에게 지성을 요구하지 않는다. 그러나 우리는 지성 있는 여자가 못생긴 것은 거의 용서하지 않는다.≫

Bon poids..., Jean Mistler

"La laideur a ceci de supérieur à la beauté : elle dure."
≪못생김은 아름다움보다 더 우월한 것이 있다 : 지속된다는 것이다.≫

Les Limites de l'impossible, Daniel Mussy

사랑과 질투

"C'est que la jalousie... entends-tu bien, Georgette,
Est une chose... là... qui fait qu'on s'inquiète...
Et qui chasse les gens d'autour d'une maison.
Je m'en vais te bailler une comparaison,
Afin de concevoir la chose davantage.
Dis-moi, n'est-il pas vrai, quand tu tiens ton potage,
Que si quelque affamé venait pour en manger,
Tu serais en colère, et voudrais le charger? (...)
C'est justement tout comme :
La femme est en effet le potage de l'homme ;
Et quand un homme voit d'autres hommes parfois
Qui veulent dans sa soupe aller tremper leurs doigts,
Il en montre aussitôt une colère extrême."
≪질투라는 것이 말이야... 잘 알아 둬, 죠르제뜨,
걱정하게 만들고..., 집 주위에 있는 사람들을 쫓아내는 것이야...
이것을 더 잘 이해하기 위해서,
내가 너에게 한 가지 비유를 해 보여줄게.
말해봐, 네가 수프를 먹으려 할 때,
어떤 굶주린 사람이 그것을 먹으러 온다면,

네가 화가 나서 그에게 달려들려고 하지 않겠어? (...)
질투는 바로 다음과 같은 거야 :
여자는 사실 남자의 수프거든 ;
그래서 가끔씩 다른 남자들이 자기 수프에 그들의 손가락을 담그려고 들면,
그 남자는 금방 엄청나게 화를 내는 거지.≫

L'école des femmes, Molière

참고문헌

ALBERONI Francesco, *L'érotisme*(원제: *L'erotismo*, traduit de l'italien par Raymonde Coudert, 1986), Paris: Editions Ramsay, 1987

__________________, *Je t'aime*(원제: *Ti amo*, traduit de l'italien par Claude Ligé), Paris: Plon, 1997

__________________, *Le vol nuptial*(원제: *Il vol nuziale*, traduit de l'italien par Pierre Girard, 1992), Paris: Plon, 1994

ARIES Philippe et BEJIN André(sous la direction de), *Sexualités occidentales*, Paris: Seuil, 1982.

BADINTER Elisabeth, *L'un est l'autre*, Paris: Editions Odile Jacob, 1986.

BALZAC Honoré de, *Le Lys dans la vallée*(1835), Paris: Gallimard, 1972.

BAUDRILLARD *Jean, De la séduction*, Paris: Galilée, 1979.

BEAUMARCHAIS, *Le mariage de Figaro*(1781), Paris: Gallimard, 1984.

BENAC Henri, *Guide des idées littéraires*, Paris: Hachette, 1988.

BLONDEL Eric, *L'amour*, Paris: GF Flammarion, 1998.

BOUTY Michel, *Dictionnaire des oeuvres et des thèmes de la littérature française*, Paris: Hachette, 1990.

BRUNEL Pierre (sous la direction de), *Histoire de la littérature française*, Paris: Bordas, 1972.

CHEVALIER Jean, GHEERBRANT Alain, *Dictionnaire des symboles* v.1, Paris: Seghers, 1973(1ère édition en 1969).

COULET Henri, *Le roman jusqu'à la révolution*, Paris: Armand Colin, 1991.

DUMAS fils Alexandre, *La Dame aux camélias*(1852), Paris: Pocket, 1994.

ELUERD Roland, *Anthologie de la littérature française*, Paris: Larousse, 1985.

FINKIELKRAUT Alain, *La sagesse de l'amour*, Paris: Gallimard, 1984.

FLAUBERT Gustave, *Madame Bovary*(1857), Paris: GF-Flammarion, 1986.

FOURIER Charles, *Vers la liberté en amour*, Paris: Gallimard, 1975(1ere édition en 1967 chez Anthropos).

GRIMAL Pierre, *Dictionnaire de la Mythologie*, Paris: PUF.(1ère édition en 1951), 5e édition en 1976.

HUGO Victor, *Hernani*(1830), Paris: Flammarion, 1996.

KIERKEGAARD Sören, *Le Journal du séducteur*(traduit du danois par F. et O. Prior et M.H. Guignot), Paris: Gallimard, 1943.

KOFMAN Sarah, *Séductions*, Paris: Galilée, 1990.

LACLOS Pierre Choderlos de, *Les liaisons dangereuses*(1782), Paris: Flammarion, 1981.

LAGRAVE Henri, *Marivaux*, Bodeaux: Ducros, 1970.

LAUVERGNAT-GAGNIERE Christiane, PAUPERT Anne, STALLONI Yves et VANNIER Gilles, *Précis de littérature française*, Paris: Dunod, 1995.

LECLERC Gérard, *L'amour en morceau?*, Paris: Presses de la Renaissance, 2000.

MEYER Michel, *Le philosophe et les passions*, Paris: Librairie Générale Française, 1991.

MICHAUX Agnès, *Dictionnaire Misogyne*, Paris: Editions Jean-Claude Lattès, 1993.

MOLIERE, *Don Juan* (1665), Paris: Gallimard, 1971.

MOSSE George L., *L'image de l'homme*(*L'invention de la virilité moderne*), traduit de l'anglais par Michèle Hechter, Paris: Editions Abbeville, 1997.

MUSSET Alfred, *Les caprices de Mariane* (1833), Paris: Bordas, 1985.

_______________, *On ne badine pas avec l'amour* (1834), Paris: Bordas, 1984

PROUST Marcel, *Le temps retrouvé*(1927), Paris: Flammarion, 1986.

RACINE Jean, *Phèdre* (1677), Paris: Hachette, 1976.

ROSTAND Edmond, *Cyrano de Bergerac*(1897), Paris: Gallimard, 1983.

ROUGEMONT Denis de, *L'amour et l'occident*(1939), Paris: Plon, 1972.

SIBONY Daniel, *Le féminin et la séduction*, Paris: Grasset et Fasquelle, 1986.

STENDHAL, *De l'amour*(1822), Paris: GF-Flammarion, 1965.

TADIE Jean-Yves, Le roman au *XXe siècle*, Paris: Pierre Belfond, 1990.

VALETTE Bernard, *Le couple fatal*, Paris: Bordas, 1985.

ZINK Michel(direction de la collection), LACROIX Daniel et WALTER Philippe(traduction et commentaires), *Tristan et Iseut* (Les poèmes français, la saga norroise), Paris: Le Livre de Poche, 1989.

ZOLA Emile, *Nana*(1880), Paris: Garnier-Flammarion, 1968.

저자 : 문시연

프랑스 파리 III (Nouvelle Sorbonne) 대학 박사
프랑스 파리 III (Nouvelle Sorbonne) 대학 DEA (박사준비과정)
프랑스 파리 III (Nouvelle Sorbonne) 대학 석사
숙명여자대학교 불어불문학과 학사
현재 숙명여자대학교 프랑스언어문화학 전임교수
국제관계대학원 프랑스문화매니지먼트 주임교수

수상
프랑스정부 교육공로훈장 (Palmes Academiques), Chevalier (2007)
프랑스정부 문화예술공로훈장(Arts et Lettres), Officier (2010)

프랑스 문학과 사랑의 테마

초판 1쇄 발행 _ 2001년 9월 1일
초판 4쇄 발행 _ 2007년 8월 25일
2판 1쇄 발행 _ 2011년 8월 30일
2판 4쇄 발행 _ 2018년 4월 20일

저 자 • 문 시 연
발 행 인 • 정 현 걸
발 행 • 신 아 사
인 쇄 • 토탈프로세스
출판등록 • 1956년 1월 5일 (제9-52호)
주 소 • 서울특별시 은평구 통일로 59길 4 (2F)
전 화 • 02)382-6411 · 팩스 02)382-6401
홈페이지 • www.shinasa.co.kr
E - MAIL • shinasa@daum.net

ISBN 978-89-8396-741-1(93860)

정가 10,000원